図説 日本の城と城下町 5

金沢城

木越隆三・監修

創元社

目次

はじめに　石川県文化財保護審議会委員　木越隆三
前田家と浄土真宗の町
「金沢」の見どころ……6

特別インタビュー　俳優　篠井英介
役者としての美意識を育んだ
芸能や工芸が息づく街……8

金沢城周辺地図……14
金沢市広域地図……15
図説 金沢城ものがたり……16
金沢城下、町歩き指南 街並みに歴史の痕跡を探る……26

Part 1 金沢城を歩く

金沢城地図……32
城内 1 城内の官庁街と呼べる曲輪の跡地「新丸」……34
城内 2 意匠と防備が考えられた正門にあたる「河北門」……36
城内 3 穴太の技術で磨かれた石垣が残る「三の丸」……38
城内 4 金沢城の顔となった重要文化財「石川門」……40
城内 5 城内で最も格式高い二の丸の正門「橋爪門」……50
城内 6 新たな象徴「五十間長屋」「橋爪門続櫓」「菱櫓」……52
城内 7 加賀藩政の中心地「二の丸」……56
城内 8 3代藩主・利常が造園した「玉泉院丸庭園」……60
城内 9 四方で表情が変わる「三十間長屋」……64
城内 10 前期金沢城の象徴、櫓群を有した「本丸」……66
城内 11 金沢市内を見下ろす城下町の道標「辰巳櫓」……70
城内 12 藩政期の姿を残す最大規模の土蔵「鶴丸倉庫」……72

城内施設に寄り道
歴代藩主が丹精し市民に愛される特別名勝「兼六園」……44
城下町に寄り道
金沢城・兼六園の南は金沢屈指の文化ゾーン……74

Part 2
金沢の城下町を歩く

城下町地図……80
城下1 加賀八家が堅守する「兼六園周辺」……82
城下2 「本多町」から「犀川」へ城下町の拡大を体感する……88
城下3 「尾張町」「大手町」に整然と並ぶ町人地・武家地……94
城下4 情緒あふれる「主計町」「ひがし茶屋街」周辺……100
城下5 40以上の寺院が集まる「卯辰山山麓寺院群」……110
城下6 金沢御堂と縁が深い「西別院」「東別院」周辺……114
城内7 繁華街と武家屋敷跡が隣接する「香林坊」周辺……118
城内8 城下の南を固める「寺町寺院群」……124
城内9 前田家ゆかりの寺院が点在、「天徳院」と小立野台地……130
城下町外に寄り道
金沢の歴史探訪の場、石碑でめぐる「卯辰山」……106
石と浄土真宗の町、利常が再興した「小松」……136

Part 3

加賀金沢の文化探訪

加賀金沢の食文化 …… 142

加賀金沢の芸能・芸術 …… 146

加賀金沢を知るためのミュージアム案内 …… 150

加賀金沢の祭礼・行事 …… 154

索引 …… 156

参考文献 …… 158

凡例

- **年号**……和暦（元号）と西暦を併記したが、改元の年は原則として改元後の元号を記し、改元前の出来事については改元前と後の元号を併記した。南北朝時代は南朝と北朝の元号を併記した。
- **漢字**……漢字は原則として新字体を採用した（一部の固有名詞は、例外的に旧字体や異体字を採用した）。
- **写真・図版出典**……原則として写真・図版のそばに出典を記載した。編集部で撮影した写真や作図、所蔵図版と、著作権保護期間の満了し所蔵者が特定できない写真・図版は、出典記載を省略した。このほかＰＩＸＴＡ、フォトライブラリーからの提供写真がある。３Ｄ地形図は『カシミール３Ｄ』を使用して作成した。
- カバー・帯に掲載の図は『延宝金沢図』（石川県立図書館蔵）、『紙本著色金沢城下図』（石川県立歴史博物館蔵）。
- 記載内容・データは、原則として２０２２年11月現在とした。

はじめに

前田家と浄土真宗の町「金沢」の見どころ

石川県文化財保護審議会委員　木越隆三

金沢は城も町も前田家がデザイン

金沢の城と町の特徴を一言でいえば、近世大名前田家が、一貫して城と城下町をつくり続け、独自の歴史的文化空間をつくった、ということです。ほとんどの城はたびたび城主が変わっています。熊本城でいえば加藤家の時代、細川家の時代、大坂城も豊臣の城から徳川の城へと変わっています。

対して金沢城は、前田家という幕藩体制最大の領地をもつ大名家が、約280年にわたって城主を務め、町をつくってきました。その歴史的な景観を保ったまま現在に至ります。城や町のつくりには、前田家の一貫した考え方が反映されています。

また、金沢城ができる以前は一向一揆《いっこういっき》の国であったということも、金沢という町を理解するうえで知っておく必要があります。大坂本願寺の末寺として金沢《かなざわ》御堂《みどう》がつくられていた場所に、金沢城は築かれました。この場所に真宗門徒の拠点ができたのは、水陸交通の要衝であり、経済活動をするうえで理にかなっていたからです。前田家もそうした地理的な要因を踏まえ、町をつくりました。

浄土真宗と町人たちとの関係は深く、前田家はこの関係を容認したため町場に入れ込む形で真宗寺院が点在しています。それをどうやってまとめあげていくかは、前田家も苦労したようです。前田家は菩提寺や重臣たちの曹洞宗寺院を早い時期に城の近くに集めました。浄土真宗以外の寺院を集めて、北（卯辰《うたつ》山山麓）と南（寺町台地）に寺院群もつくっています。こうした事実から、前田家の仏教勢力に対する政策も読み取れます。このように前田家の意図が深く町づくりに現れているのが、金沢の特徴だといえます。

城下町では段差、城では石垣に注目

実際に城下町を歩くとき注目したいのは段差です。2つの川が流れる間に小立野《こだつの》台地が延びてきて、その先端に城が築かれています。それゆえ城の周りには坂が多く、ちょうど段丘に沿って惣構《そうがまえ》が掘られています。現在は用水が流れていますから、その流れに沿って歩いてみると、城下町の地形がよくわかります。惣構の内側には上級武家屋敷と御用商人、外側には中下級武家屋敷や町家が連続するという構造も体感できるはずです。

兼六園

　複雑な同心円状の中に、四角く町が区切られているため、迷路のようになっている場所もあります。そこに段差も加わることで、地図では一見つながっていそうに見えるのに、じつはつながっていないことも多い。いわば迷路型の城下町ですね。

　城についていえば、金沢城は軍事的に強い城ではありません。早い時期から、御殿（藩庁）を中心に政治文化育成に力を入れていました。茶会や能楽がその代表格です。そのため庭園が発達し、城内には7つの庭園がありました。国の特別名勝・兼六園や、復元された玉泉院丸《ぎょくせんいんまる》庭園はその代表といえます。

　金沢城は色紙短冊積《しきしたんざくづ》みなどに代表される、「見せる石垣」が特徴として知られていますが、これらは庭園の一部でした。そして、お座敷あっての庭ですから、庭園には御殿がないと成り立ちません。この御殿についても建物の復元が進められています。調査のなかで、『内装等覚《ないそうとうおぼえ》』という通称で呼ばれる幕末の大工の建築史料が見つかっていて、復元計画を進めるはずみになりました。

　大坂城や江戸城では城下町の研究が進んでいますが、金沢も最近進展が見られるようになってきました。たとえば惣構が内と外で2回に分けてつくられたという、江戸時代の軍学者の説がずっと信じられてきましたが、史料を見ていくと否定する材料がたくさん出てきています。そういう新しい知見にも興味をもってもらえればと思います。

木越隆三（きごし・りゅうぞう）

石川県文化財保護審議会委員、金沢工業大学客員教授。1951年、石川県生まれ。1976年、金沢大学大学院文学研究科修了。2002年に金沢大学より博士（文学）を授与。石川県金沢城調査研究所所長を経て現職。おもな著書に『隠れた名君　前田利常』（吉川弘文館）などがある。

特別インタビュー

俳優 篠井英介

役者としての美意識を育んだ芸能や工芸が息づく街

舞台俳優や女方、石川県観光大使として活躍する篠井英介さん。自身の俳優としてのルーツは、幼少期に出会った日本舞踊にあるという。江戸時代からの歴史と伝統が今もなお受け継がれ、文化芸術の街としてさまざまな芸能や工芸が受け継がれている金沢の魅力を語っていただいた。

プロフィール　1958年12月15日、石川県金沢市生まれ。舞台をはじめドラマ、映画を通して、中性的な役や悪役など、変幻自在の演技派俳優として活躍中。2014年、石川県観光大使に任命。日本舞踊の宗家藤間流師範名取・藤間勘智英の名をもつ。

地元の人にとっては自分の庭のような兼六園

——金沢市民にとって金沢城とはどんな存在でしょうか。

篠井　今は復元され、立派な長屋門などがある金沢城ですが、昔は石川門くらいしか城らしいものは残っていませんでした。ただ、石垣は随所に残っていましたし、堀の跡が道路になっているので、「お城があって街ができている」という感覚があります。とくに兼六園は身近な存在でした。

僕は高校生まで金沢に住んでいましたが、小学校の美術の授業で写生大会を行うため、気軽に兼六園に入っていたのを覚えています。当時は入園無料でしたので、誰でも自由に出入りできました。金沢の人からすると、兼六園を通り道にするのは当たり前でしたね。「自分の庭」のような感覚だったと思います。

——兼六園に対して、ほかにどんなイメージをもたれているでしょうか。

篠井　地元に暮らしていたときはあまりにも身近で、そのよさに気づきませんでしたね。地元から離れ、日本各地の城や庭園をめぐって、兼六園がいかにすばらしいかということに気づきました。すばらしい点としては規模が大きいという点と情趣に富んでいるという点です。兼六園では、雪の重みで木の枝が折れないよう保護する「雪吊り」が施されます。これはただ単に木を守るというだけでなく、見た目も美しく、今では冬の金沢の風物詩にもなっています。このように、木1つとっても、趣向が凝らされているところがすばらしいですね。

「木を守るために行う兼六園の雪吊り。それだけとってみても芸術的だと感じます。」

——兼六園に対して、玉泉院丸《ぎょくせんいんまる》庭園が「女性的な庭」だと語られている記事を見ました。

篠井　兼六園が壮大で立派な庭であるのに対し、玉泉院丸は真ん中に小さな池があり、繊細につくられた庭だと感じたからです。庭園にある「色紙《しきし》短冊《たんざく》積《づ》み」と呼ばれている石垣は、金沢城内でも有名で、現代アートのような魅せる石垣はとても芸術的で素敵だと思います。

　また、玉泉院丸は前田利長の正室である永姫《えいひめ》が隠居していた場所です。永姫の没後、玉泉院と呼ばれたことが、玉泉院丸庭園という名前の由来になっているという点も、優美で素敵な庭だと感じます。じつはこの庭も復元されたもので、残された史料から、江戸時代の庭園の雰囲気や、浮島など、高低差のある庭が再現されています。玉泉庵で抹茶をいただきながら庭を見物できますし、とても見応えのある居心地のよい場所だと思います。

加賀の文化を育んだ前田家の治世

――前田利家やまつは今も人気がありますが、愛される理由はどこにあると思いますか。

篠井　専門家ではありませんので詳しくはわかりませんが、地元の人間からすると前田家が街の基盤を築きあげたという感覚がありますので、前田利家とそのサポートをした妻のまつを尊敬しています。地元の人は金沢城の城主のことを、親しみを込めて「前田のお殿様」と呼びます。それほど前田家への尊敬、崇敬の念がずっとあるのです。利家とまつをまつっている神社もあるくらいですから。

玉泉院丸庭園と色紙短冊積み石垣。

――神社といえば、金沢には寺社が多い街という印象があります。

篠井　金沢は浄土真宗が地盤となっていて、お寺さんが並ぶ「寺町」があります。その界隈《かいわい》を通ると、神社仏閣――お寺さんやお宮さんが街に溶け込んでいておもしろいですね。

　金沢は仏壇も立派で、「金沢仏壇」は有名です。ほかの宗派の家もあると思いますが、多くの家は浄土真宗で仏壇に手を合わせる文化が根づいていますので、みなさん信心深いのではないかと思います。

――金沢は芸術や芸能でも有名ですが、金沢の伝統文化についてどうお考えですか。

篠井　金沢の文化が発展しているのは、前田家のおかげだと思っています。百万石の大大名でありながら、幕府への敵意がないことを示すため、前田家は武力よりも芸術や芸能に力を入れました。それがこの街を豊かにし、芸術的にしたと思います。2020年には、東京国立近代美術館工芸館が金沢市へ移転し、国立工芸館として開館しました。東京や京都以外で国立の工芸館といった施設ができるのは珍しく、伝統工芸という意味では金沢が京都に並ぶ伝統工芸大国だといっても、異論はないのではないでしょうか。「輪島塗《わじまぬり》」「九谷《くたに》焼《やき》」「加賀友禅《かがゆうぜん》」「金箔」など、何十種類もの工芸が今も地元に根づいています。

僕たちが子どもの頃は、伝統工芸が今よりももっと生活に色濃く染みついていました。輪島塗の箸やお椀とか、高級なものではありませんでしたが、九谷焼の食器も各家庭に当たり前のようにありました。街の中心に住んでいる家庭の女性たちは、晴れ着に一枚、加賀友禅をもっていたものです。このように、僕たちの生活には密接に伝統文化が根づいていました。

――芸能活動を始めるきっかけとなったのが日本舞踊だそうですね。

篠井　日本舞踊に出会ったのは子どもの頃ですが、僕が金沢に生まれていなかったら、出会っていなかったと思います。あちらの家の人は日本舞踊、こっちの家のお姉さんはお琴、母はお茶、向かいの家の人は鼓《つづみ》を習っているというような文化的な環境で育ちました。それを見ていて、「僕もやりたい」と母に言ったのです。ほかの街だったら「何を言っているの」と言われるかもしれませんが、母から出た言葉は「そうなの？　男の子としては珍しいけど、じゃあどの先生に習おうか」でした。これは日本舞踊を教えてくれる先生が、身近に選べるほどたくさんいたということです。このような環境で育ち、美しいものを子どもの頃からたくさん見て、文化的なものに触れることができたので、心が豊かになり、美意識が育まれたと思っています。今の僕が俳優業をしているのは本当に金沢のおかげです。

「金沢は歩いていると屋根から謡《うたい》が降ってくるという言葉があるほど芸事が身近なんです。」

――金沢は芸術や芸能、工芸品だけでなく、お菓子も有名ですよね。

篠井　お菓子の文化が発達したのは、茶道や茶の湯の文化が根づいていたからだと思います。老舗《しにせ》から新しいお店まで、現在もたくさんお菓子屋さんがありますから、お菓子選びには困りません。各店で熱心に商品開発をされているので、続々とおいしいお菓子が生まれます。なかでもやっぱり、落雁がおいしいです。たまに練り切りが食べたいなと思うときもあります。

　金沢にお菓子が根づいたのは茶の湯文化の存在が大きいと思いますが、現在もお菓子屋さんが多く、発展し続けている理由の1つに「おもたせ文化」があると思っています。金沢人は、人と会ったり、ちょっとどこかに出かける際にお菓子をもっていくことが多い。それもあり、和菓子屋さんが増えたのだと思います。

　余談ですが、金沢駅にある金沢百番街の「あんと」というお菓子売り場は、「あんやと」という言葉をさらに略した言い方です。金沢のことばで「ありがとう」を意味します。親しい間で使う気楽な言葉で、響きが可愛らしく、金沢の好きなことばの1つです。

――お菓子以外におすすめの郷土料理や食材などはありますか。

篠井　加賀レンコンはおすすめです。すりおろしたり、お団子にしたりするのもいいですし、味噌汁に入れればレンコン汁にもなります。炒めてきんぴらにしてもおいしい。僕は天ぷらにしたときの歯触りとホクホク感が好きですね。

　郷土料理でいうと、おすすめは治《じ》部《ぶ》煮《に》でしょうか。子どもの頃は、たまに家でもつくってもらいました。

料亭や飲食店で出てくるような治部煮は鴨肉を使いますが、家庭ではかしわ（鶏肉）で代用するなどして、ありあわせのものでつくることが多いですね。すだれ麩《ふ》を入れることは必須ですね。

昼と夜で表情を変える
江戸情緒あふれる金沢の小道

――金沢を観光するなら、個人的にどこがおすすめでしょうか。

篠井　兼六園や金沢城、茶屋街として発展した「東の廓《くるわ》」（現在のひがし茶屋街）など、ガイドブックに載るような場所へ行かれる方が多いと思いますが、僕は裏道を歩くのが好きです。金沢は戦災で被害を受けていないので、現在も細い道には古い建物が残っていて、江戸時代にタイムスリップしたかのような風情があります。時間に余裕があれば、そういう場所を歩いてみると城下町の風情を味わうことができるのではないでしょうか。

　僕は街の魅力を語るとき、光の当たる面だけではなく、影の部分も大切なものだと伝えています。夕暮れどきや夜の暗さや、そこに浮かぶろうそくやランプの明かりが文化を育てる上で重要だと感じます。昼間の明るい観光地だけでなく、影がある、人がいなくて物寂しい情緒も文化の1つの側面として大切ではないかと思っています。夕方から夜にかけての誰もいない武家屋敷は、忍者が出てきそうな雰囲気のある場所です。代表的な観光地めぐりも楽しいですが、さまざまな表情をもつ金沢の街を見ていただき、お気に入りの場所を見つけてほしいと思います。

『いい芝居いい役者』
篠井英介著、三月書房
雑誌『せりふの時代』や新聞などで連載していたエッセイをまとめて単行本化。さまざまな舞台を例に挙げ、今の演劇を通じて「日本人のありよう」を考える。俳優を志した原点となる金沢についても優しい語り口でつづっている。

金沢城周辺地図
500m
200m
浅野川
金沢駅
東大通り
金沢駅前通り
本願寺
金沢別院
(西別院)
金沢表参道
(横安江町商店街)
真宗大谷派
金沢別院
(東別院)
城北大通り
主計町緑水苑
主計町
茶屋街
暗がり坂
久保市乙剣宮
西外惣構跡
寿屋
百万石通り
浅野川大橋
ひがし茶屋街
森忠商店
尾張町
徳田秋声
記念館
西養寺
蓮昌寺
菅原神社
慈雲寺
志摩
宇多須神社
寿経寺
観音院
大野庄用水
鞍月用水
百万石通り
黒門前緑地
大手町
尾崎神社
寺島蔵人邸
百万石通り
黒門(西丁口門)
金沢市
足軽資料館
西内惣構跡
鼠多聞橋
尾山神社
金沢城
奥村因幡家
上屋敷跡
東内惣構跡
旧加賀藩士
高田家跡
お堀通り
西田家庭園
玉泉園
武家屋敷跡
野村家
香林坊橋
兼六園
八坂
新橋
金沢市役所
古寺町
宮内橋
石浦神社
奥村伊予家
上屋敷土塀
材木町通り
犀川
旧西外惣構石碑
石川県立美術館
城南荘(旧横山邸)
本多の森公園
宝円寺
馬坂
辰巳用水
椿原天満宮
雨宝院
金沢ふるさと
偉人館
金沢
歌劇座
石川県立
歴史博物館
金沢大学
付属病院
犀川大橋
国立工芸館
天神坂
にし
茶屋街
妙慶寺
天狗中田本店
鈴木
大拙館
本長寺
金沢町家
情報館
松風閣
庭園
中村記念
美術館
小立野通り
(石引道)
妙立寺
犀星のみち
室生犀星文学碑
経王寺
国道157号線
伏見寺
寺町通り(旧野田道)
如来寺
大円寺
六斗の広見
辰巳用水
天徳院

金沢市広域地図
日本海
河北潟
金沢港
金沢平野
浅野川
金沢駅
卯辰山
金沢城
犀川
小立野台地
寺町台地

図説

金沢城ものがたり

一揆の拠点から戦国の城へと改築

百姓のもちたる国の中心地

北陸地方は越国《こしのくに》（高志《こし》という記載もある）と呼ばれ、古くから大陸に面した交易の要衝として栄えました。7世紀末、越国は律令によって越前《えちぜん》、越中《えっちゅう》、越後《えちご》に分割されます。のちに金沢城が置かれた加賀国《かがのくに》（現在の石川県南部）は、弘仁14年（823）に越前から分離しています。

鎌倉時代以降、加賀国には守護が置かれましたが、室町時代後期に起こった一向一揆によって打倒されます。一向一揆の中心となったのが、浄土真宗の信徒（門徒）たちでした。浄土真宗の本山である京都の西本願寺・東本願寺は、信長の時代までは本願寺という1つの寺院でした。戦国時代には時期によって山科（京都）や大坂（大阪）へと場所を移しながら、全国の門徒たちを統率していました。加賀国は武家の統治を離れ、浄土真宗の門徒たちが中心となり治めます。このため、加賀国は「百姓のもちたる国」とも呼ばれました。

門徒たちの拠点として天文15年（1546）に築かれたのが、金沢御堂《かなざわみどう》（金沢坊《かなざわぼう》）です。これは大坂にあった本願寺の末寺であり、加賀門徒結束の要となる寺院でした。御堂が建てられたのは犀川《さいがわ》と浅野川《あさのがわ》に挟ま

金城霊沢　兼六園の南隅に位置し、この地で芋掘り藤五郎が砂金を発見したという伝説がある。金沢御堂、ひいては現在の金沢の名の由来になったとされる。

れた小立野《こだつの》台地の先端で、現在ほぼ同じ場所に金沢城があります。御堂の周囲には寺内町が形づくられ、現在の金沢の原型となりました。

信長勢力との戦いを経て金沢城創建

真宗門徒を中心に栄えた金沢は、周囲の戦国大名から狙われることとなりました。なかでも激しく対立したのが、尾張《おわり》（現在の愛知県西部）の織田信長です。信長は大坂（石山）本願寺と激しい戦いをくり広げながら、加賀には重臣の柴田勝家《しばたかついえ》を派遣して攻略させました。天正８年（１５８０）、信長の家臣佐久間盛政《さくまもりまさ》によって金沢御堂が陥落します。盛政は手に入れた金沢御堂を「金沢城」とし、改築を進めました。

その間も、盛政は一揆の残存勢力と戦いを続けていました。しかし、天正10年（１５８２）、本能寺の変で信長が討たれたことで一揆勢が盛り返し、劣勢を強いられます。翌年、羽柴（豊臣）秀吉と柴田勝家の間で信長の後継者としての座をめぐり、「賤ケ岳《しずがたけ》の戦い」が起こると、盛政は勝家側で参戦します。戦いは秀吉側が勝利し、盛政もこの世を去りました。

前田利家時代には天守も存在

盛政に代わって金沢城主となったのが、前田利家《まえだとしいえ》です。もともとは勝家の指揮下で能登《のと》（現在の石川県北部）の攻略を担当し、能登七尾《ななお》城の城主を務めていました。ただ、利家は秀吉とも親しく、賤ケ岳の戦いでは勝家と秀吉の板ばさみにあいます。最終的に利家は説得に応じ、秀吉側につき、賤ケ岳の戦場から離脱しました。秀吉は利家を加賀進軍の先鋒とし、戦後はそれまでの所領であった能登に加え、加賀の石川《いしかわ》郡と河北《かほく》郡を与え、金沢城主としました。

前田利家　織田信長に仕え「槍の又左」の異名をとった猛将。柴田勝家とともに北陸を攻略。能登を与えられ国持ち大名となり、賤ケ岳の戦いを経て金沢城主となった。（個人蔵）

天正12年（１５８４）、利家は、本格的に金沢城の城普請に着手します。北加賀の村々に加えて能登からも人足を集め、建設にあたらせました。本丸、二の丸、三の丸といった曲輪《くるわ》が築かれ、御殿や櫓も建造されます。天正14～15年頃、本丸には天守も設けられました。

天正20年／文禄元年（１５９２）、朝鮮出陣のために京へ向かった利家に代わり、嫡男の利長《としなが》が金沢城を預かることになります。留守に際して利家は利長に本丸の高石垣の築造を命じており、このときにつくられたのが、本丸東面に現存する金沢城最古の高石垣です。

徳川政権のもとで存続を図る

慶長3年（１５９８）に秀吉が病死すると、徳川家康の存在感が強まります。利家は秀吉の遺児である秀《ひで》頼《より》を守りながら豊臣政権の存続に努めましたが、翌慶長4年（１５９９）に病死します。家康は、前田家を潰そうと北陸討伐を計画しており、利家の跡を継いだ利長は、秀頼を支えることよりも、前田家の存続を優先せざるをえませんでした。外堀の外郭に二重の惣《そう》構《がまえ》を築くなど、城の防御強化を図ります。

利長は戦いに備えながら、外交による戦いの回避にも努めていました。家康の求めに応じ、母親である芳春《ほうしゅん》院《いん》（利家正室）や重臣の男子などを江戸へ人質に出すことで、徳川方につくことを明確にします。

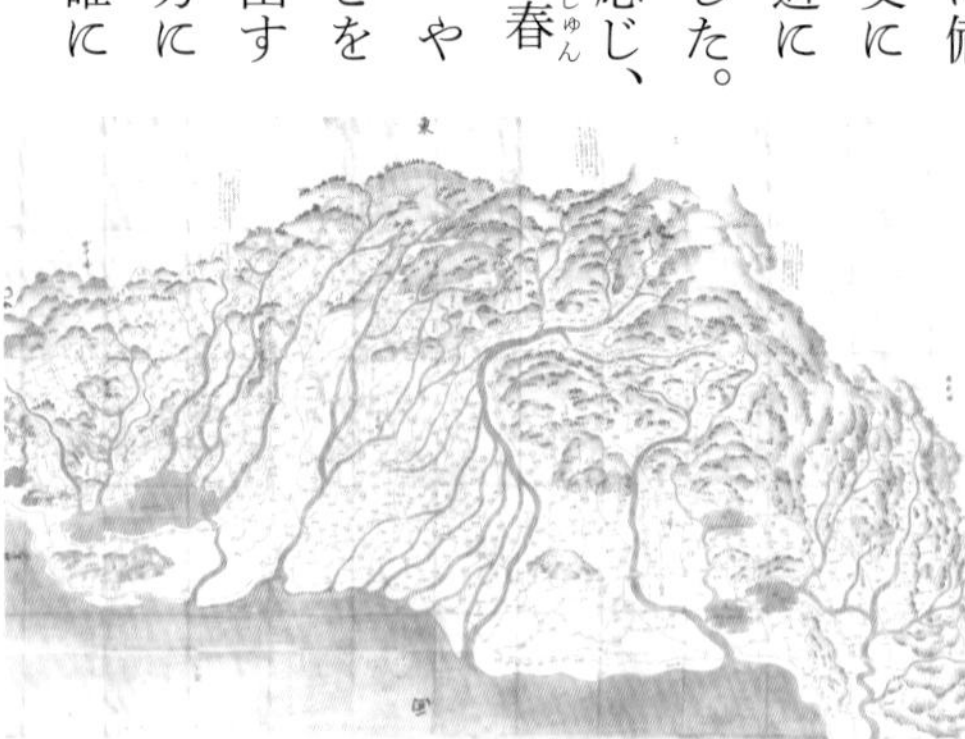

『加賀国図』 慶長頃の金沢を描く。一揆時代の城跡などの記載も見つけることができる。（東京大学総合図書館蔵）

慶長5年（１６００）に起こった「関ケ原の戦い」では、利長は家の存続のため、家康側（東軍）に味方します。しかし、利長の後継者だった同母弟の利政《としまさ》は家康に従わず、やむなく傍系の弟である利常《としつね》を後継者としました。のちに利常と2代将軍徳川秀忠《ひでただ》の娘である珠姫《たまひめ》との婚姻がととのえられ、前田と徳川が蜜月関係を築いていきます。

慶長7年（１６０２）には、落雷により天守が焼け落ちています。利長は天守を再建せず、三階櫓《さんがいやぐら》を築いて天守の代わりとしました。こうした細心の注意を払うことで、前田家は家康から信頼を得ます。その結果、加賀、能登、越中にまたがる、約120万石の大大名としての名と領地を守ったのです。

利常による城の拡張と整備されていく城下町

一国一城令下で曲輪を拡張

珠姫との婚姻により徳川家の親戚となった利常は、慶長10年（1605）に藩主となると、駿府城や名古屋城の天下普請など、徳川の事業に多数参加します。慶長19年（1614）の「大坂冬の陣」では、約2万～3万の兵を率いて徳川軍の要《かなめ》として出陣しました。

一方で隠居した利長も領内では大きな影響力を維持しており、「越中中納言」として権勢をふるっていました。その利長も病が年を追うごとに悪化し、慶長19年（1614）にこの世を去りました。

慶長20年／元和元年（1615）の「大坂夏の陣」により豊臣氏が滅亡すると、その年のうちに江戸幕府は武家諸法度と「一国一城令」を出します。その結果、城の改修などには幕府の許可が必要となりました。金沢城では法令に従い、元和7年（1621）の本丸の大規模な拡張工事、寛永8年（1631）の二の丸の拡張工事を届け出て、認められています。

軍事の城から見せる城へ

金沢城で二度の大規模な拡張工事が行われたのは、

本丸東面の高石垣　戸室山で採掘された安山岩を積み上げた石垣。石積みの監督として、専門職人である穴太衆の源介らの名が記録に残る。

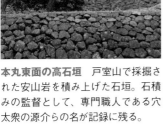

ともに大火が原因です。元和6年（1620）に本丸御殿や櫓が焼失する火事があり、この機会に狭かった本丸の拡張が行われました。同時に本丸御殿が再建されています。

寛永8年（1631）、今度は城下の火災が本丸辰巳《たつみ》櫓に飛び火し、本丸をはじめとした中心部が全焼する「寛永の大火」が起こります。この際に二の丸を三の丸側に拡大して4000坪もの平坦地を造成し、壮大な二の丸御殿を建設しました。本丸の三階櫓や御殿も再建されています。

また、玉泉院丸《ぎょくせんいんまる》にて庭園の造成を命じたのもこの頃です。徳川のもとで世の中が安定してきたことで、城には防御力よりも、美しく見せることが重視されるようになっていきました。多くの城で見られる傾向で

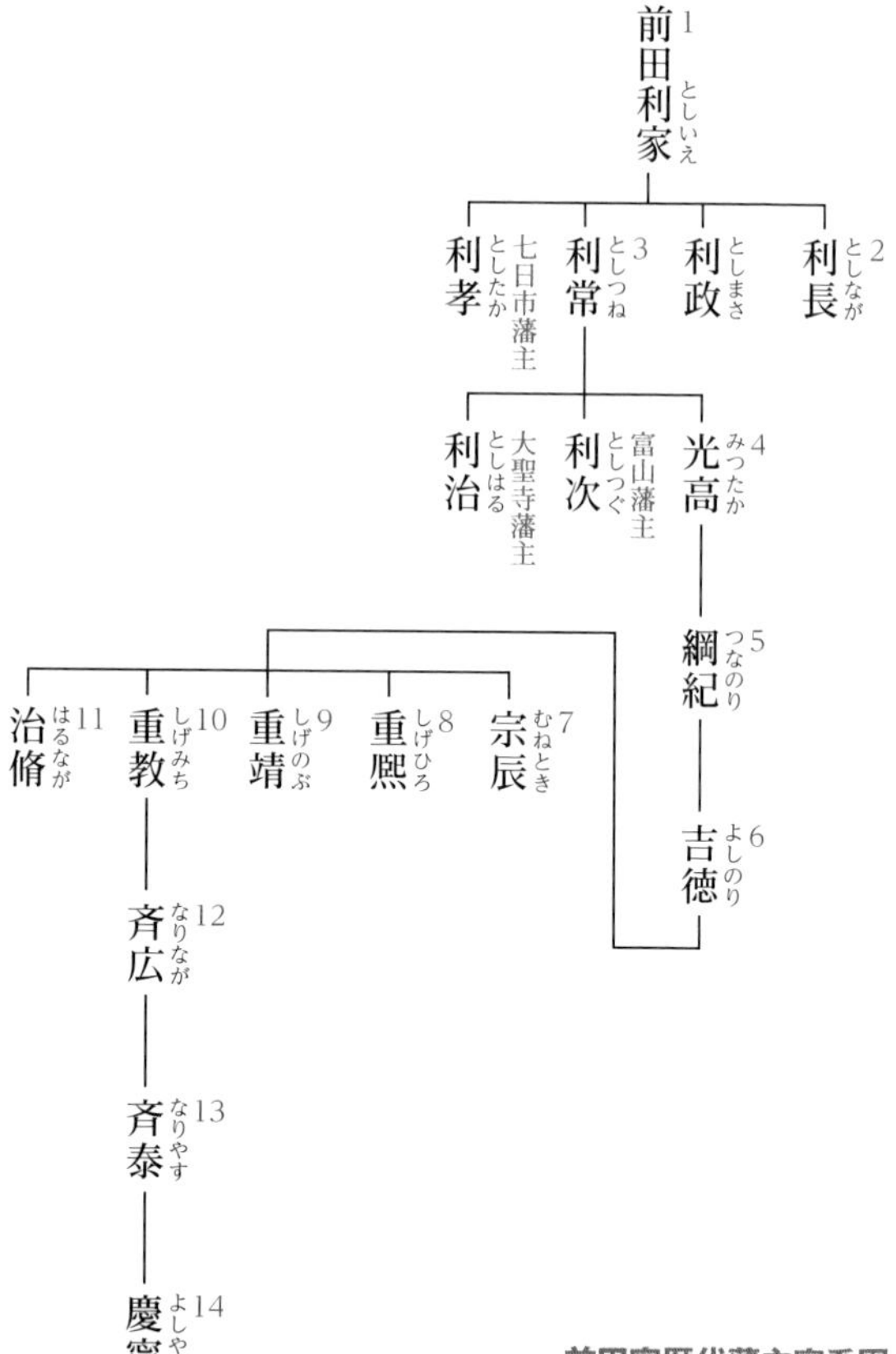

前田家歴代藩主家系図

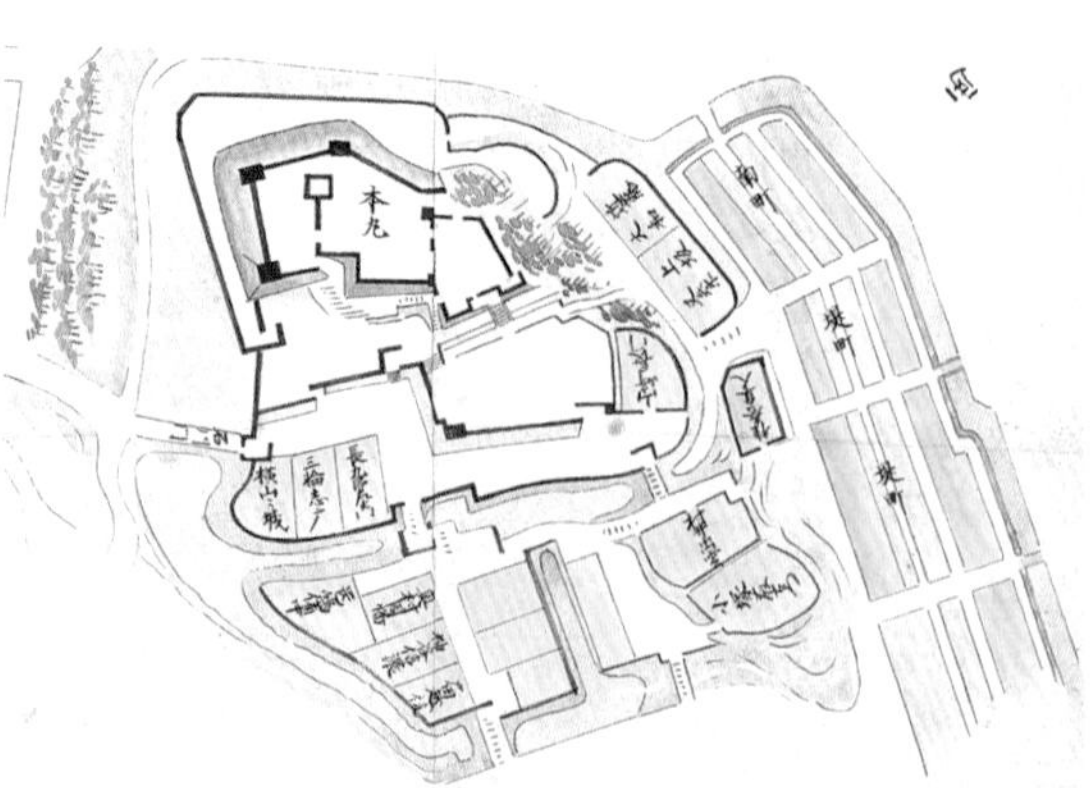

『加州金沢城図』　元禄年間に全国の城の縄張を描いた城絵図集『諸国居城之図集』に収録。寛永以前の初期金沢城の様相を示す。（金沢市立玉川図書館蔵）

すが、金沢城では、いち早く変化が見られました。

ところで、この改修の頃、徳川秀忠が危篤状態にあったことから、大規模改修は合戦の準備ではないか、幕府の要人・土井《どい》利勝《としかつ》と結託しているのではないか、などの噂《うわさ》が江戸市中で話題に上っています。利常は、嫡子の光高《みつたか》と江戸に赴き、直接釈明したと伝えられています。同じ頃、黒田騒動や肥後の加藤家改易事件が起きており、3代将軍家光の武断政治の一例とされています。

しかし、前田家の場合、幕府との関係はそこまで緊張したものではなかったようです。真相は、正室・珠姫の父である秀忠危篤の知らせを聞き、一刻を惜しんで江戸に赴いたのです。光高と3代将軍徳川家光の養女・大姫《おおひめ》との結婚が決められたのは、利常が江戸に来て、義父秀忠の死去を見届けた同じ年のことです。むしろ、前田と徳川の蜜月関係は、この時期に最高潮を迎えたと見られます。

二度の大火から生まれた「辰巳用水」

利常の功績の1つに「辰巳《たつみ》用水」の建設があります。寛永9年（1632）、犀川の上流にある上辰巳村から取水し、小立野台地を縦断する約11キロの大水路が建設されます。わずか1年余りで完成した辰巳用水は、城内の空堀を水堀とし、防火のほかに城内の生活用水、城の庭園にも使われました。のち、新田開発や農業用水にも利用されました。

寛永16年（1639）、利常は病気を理由に小松城に隠居します。隠居とはいっても鉱山や塩専売など重要な権限は利常がにぎり、3か国全体ににらみを利かせる体制だったようです。4代光高は、徳川秀忠の外孫にあたり、徳川家康を東照権現としてまつる東照宮を金沢城北の丸に勧請《かんじょう》するなど、徳川家の家門並みの態度で忠誠を尽くしました。

辰巳用水の石管　越中の金屋石を加工した江戸後期の水道管。明治以後の土木工事で順次取り替えられた。

5代綱紀によって城下町が現在の形に整えられる

大改修により完成した前期金沢城

正保2年（1645）に光高が早世すると、まだ幼い嫡男の犬千代《いぬちよ》（綱紀《つなのり》）が藩主となります。祖父の利常が指南役となり、隠居した小松城で政務を後見しました。藩の税制や支配体制を確立させたと評価される「改作法」が断行されたのもこの時代です。

江戸で生まれ育った綱紀は、利常が政務を執り行っている間、金沢に来ることはありませんでした。万治元年（1658）、会津藩主・保科正之《ほしなまさゆき》の娘と綱紀の結婚を見届けた直後、利常は小松城に戻り、急死します。綱紀が金沢城に入ったのは寛文元年（1661）のことです。正之の後見を受け、徳川家との血縁もあり、ゆるみの目立つ家臣団の引き締めなどの難問を抱えながらも、順調に政務を執り行っていきました。

土橋門石垣　5代綱紀の時代、多様な石垣のデザイン化が進んだ。亀甲積みが特徴的な土橋門の石垣は寛文5年(1665)に修築されたもの。

一方で、綱紀は金沢城と城下町の整備も進めます。祖父が小松城で政務を行っていたことから金沢城はさびれており、さらに寛文2年（1662）の地震では城内10か所の石垣が崩落する被害を受けます。綱紀は寛文年間（1661〜73）を通して石垣の修理を行い、二の丸御殿の増築なども進めました。延宝4年（1676）には城の石川門の堀向かいの蓮池《はすいけ》に庭園を造成しています。この蓮池庭《れんちてい》が兼六園の始まりです。綱紀の時代に金沢城は大きく姿を変えることになりました。

さらに綱紀は、本多家や横山家など1万石以上の禄高をもつ8家（加賀八家）を年寄《としより》とし、その下に奉《ぶ》行《ぎょう》職などを定め、武家屋敷を城下の惣構を基準に配置します。惣構の外に下級武士の屋敷、北国《ほっこく》街道などの両側には町人の住む区画が置かれ、帯状の町家街が街路に沿って形成されました。町端に寺町や卯辰《うたつ》山山麓の寺院群が完成したのもこの頃です。金沢の城下町は綱紀の代で形が定まったといえます。

困窮する藩財政と「加賀騒動」

綱紀は諸制度の改革も進め、一定の成果を残しました。しかし、6代吉徳《よしのり》の頃から財政悪化が見えはじめ、10代重教《しげみち》の頃には藩の貯蓄は底をつきます。

さらに吉徳は、下級武士の大槻朝元《おおつきともと》を重用したことで、旧来の重臣から反発を受ける事態となりました。大槻は利発な人物ではあったようですが、延享2年（1745）に吉徳が亡くなると失脚します。その後、7代藩主となった宗辰《むねとき》がわずか1年半で病死、さらに8代重熙《しげひろ》、9代重靖《しげのぶ》と、早世が続きます。

この藩主交代劇について、吉徳の寵愛を受けていた側室の真如院《しんにょいん》と大槻が内通し、8代重熙を暗殺しようとしていたという疑惑がもち上がります。真偽は定かではありませんが、延享5年（1748）に大槻は流罪となり、真如院も殺されました。この「加賀騒動」は、脚色されて講談や浄瑠璃の題材となっています。

10代重教《しげみち》の藩政下では、宝暦9年（1759）に城下と金沢城の大半を焼き尽くす大火が起きます。この「宝暦の大火」により、二の丸御殿など城内の建物に加えて、寺社や町家など1万軒余りが焼失、城外の米蔵も焼け、加賀藩は大きな痛手を受けました。

再建事業で生まれ変わった現在に残る金沢城遺構

領民の協力でできた再建

大火被害からの復興は、10代重教が着手し、越中《えっちゅう》勝興寺《しょうこうじ》（浄土真宗の触頭《ふれがしら》）の住職から藩主に登用された11代治脩《はるなが》の頃に進められました。大火での焼損は城内の142か所にも及びました。天明7年（1787）頃には二の丸菱櫓《ひしやぐら》、五十間長屋、橋爪櫓、天明

8年（1788）には石川門と順番に再建されました。莫大な費用と労力がかかったことから、再建は難航しました。

享和2年（1802）、12代斉広《なりなが》が家督を継ぎましたが、引き続き財政難に苦しみます。文化5年（1808）には、二の丸御殿で火災が発生し、再び御殿再建が課題となりました。

出火時に江戸に滞在していた斉広は、2か月後に金沢に戻り、再建に着手します。火事の直後には、領民から多くの見舞いの品が献上されたといいます。再建のために造営方役所を設置し、家臣だけでなく領内の村や豪商からも献金を求め、職人や資材も集められました。再建費用は莫大なものでしたが、85％は家臣・領民の献金で賄い、文化7年（1810）末に二の丸御殿は落成します。

斉広は文政5年（1822）に隠居し、兼六園の千歳台《ちとせだい》に隠居屋敷として竹沢御殿を建てます。「兼六《けんろく》園《えん》」という名がつけられたのはこのときです。13代斉《なり》泰《やす》の頃に大名庭園として形を整えます。

このように10代から13代にかけて金沢城は大幅に改修が進みました。現存する遺構の多くはこの時代のものです。

版籍奉還後、軍都から学都へ

嘉永6年（1853）のペリー来航以降、日本は王政復古を望む尊皇攘夷派と、幕府を支える開国佐幕派に分かれて紛糾します。加賀藩は13代斉泰が11代将軍徳川家斉《いえなり》の娘を正室に迎えていた関係から佐幕派の立場を取ります。

斉泰は、旧来の軍制も維持しつつ西洋式砲術を学ばせるなど、海防強化にも尽くしました。ただ、飢饉や出費増などにより藩財政は逼迫《ひっぱく》し、安政5年（1858）には、「泣き一揆」と呼ばれる都市貧民の騒動も起きています。

そして慶応3年（1867）の大政奉還、翌年の鳥羽・伏見の戦いを経て明治維新を迎えます。14代慶寧《よしやす》は慶応4年／明治元年（1868）1月、幕府に味方するために出兵したものの、その途上で幕府軍の敗北を知り金沢に戻っています。明治2年（1869）に版籍奉還を願い出て、金沢藩知事となり、金沢城を新政府に明け渡しました。

　藩庁は旧長家屋敷、藩主は旧本多邸に移ったのち、金沢城は兵部省の管理下に置かれます。明治5年（1872）からは陸軍の駐屯地となり、不要と判断された建造物は取り壊され民間に払い下げられました。明治14年（1881）、兵営の兵士の失火で二の丸御殿や五十間長屋、菱櫓などが全焼する火災が起こっています。また、兼六園は、明治5年（1872）より庶民遊覧の地として市民に公開されました。明治31年（1898）頃には、日露の戦争を想定し軍備が拡張され、金沢城の兵営や城下では軍事施設が拡充され、「軍都」と呼ばれるようになります。

　金沢城から軍がいなくなったのは、昭和20年（1945）の第二次世界大戦後のことでした。軍用施設は占領軍が支配下に置いたのち、石川県の発案により金沢大学のキャンパスへと生まれ変わり、「軍都」から「学都」へと変貌を遂げます。

　その後、石川門や三十間長屋など、残されていた金沢城の建物が国の重要文化財に指定されました。平成8年（1996）には金沢大学の郊外移転により、城跡は県有地となり、公園化と復元整備の方針が示されます。その結果、平成13年（2001）には、二の丸の菱櫓、五十間長屋、橋爪門続櫓《つづきやぐら》などが復元されると同時に、金沢城調査研究室（現在の金沢城調査研究所）も開設しています。

鼠多聞と二の丸御殿 古写真　明治初期、焼失前に撮影されたもの。（金沢大学蔵）

菱櫓 古写真　明治初期、焼失前に撮影されたもの。（金沢大学蔵）

金沢城下、町歩き指南

街並みに歴史の痕跡を探る

金沢の城下町はほかの有名な城下町には見られない、非常に特徴的な都市構造をもっている。それらについて理解したうえで町を歩くことで、より深く金沢について理解することができる。

河岸段丘と台地を二重の惣構が囲む

城下町を歩くとき、事前に地理的特徴を大きく俯瞰しておくことが大切です。そこで金沢城下の地理を、地図（14ページ）や図版などを参照し、まず大きくイメージしておきます。

本州日本海側のちょうど真ん中付近にある石川県は、日本海へ北東方向に突き出た能登半島と、これに続く平野部や白山山系から成ります。能登半島の能登国と霊峰白山の麓に展開した加賀国、この旧国2つが明治維新のあと合体してできた県です。近世加賀藩の首都である金沢に居城を構えた加賀前田家は、「加賀百万石」として知られますが、百万石の領地には加賀国・能登国のほか越中国（現在の富山県）も含まれます。

金沢城は、石川県の中央に広がる金沢平野に向かって、南東から北西方向に左手こぶしを突き出したように張り出す小立野《こだつの》台地の先端部に位置します。拳が台地先端で、ここを城地とし、腕の部分にあたる台地尾根とを切り離すため、文禄年間（１５９２～96）に手首にあたるところへ蓮池堀《れんちぼり》（俗称、百間堀《ひゃっけんぼり》）を掘削し、同時に高石垣の建設も進め、堅固な城に変貌させました。

百万石の城下町金沢の中心は、むろん前田家が君臨していた金沢城です。周囲に4つの外堀をもつ平山城《ひらやまじろ》ですが、この景観は金沢城に入城した前田家初代利家が、天守を創建し、蓮池堀や高石垣をつくり、利家の死後に整備された外堀を加えることで現れました。その後も城づくりは続き、寛永8年（1631）の大火後の二の丸御殿創建の頃、ようやく現在みる縄張《なわばり》が確定し現在に至ります。

小立野台地の北に浅野川、南に犀川《さいがわ》と、2つの河川が流れ、その河岸段丘と小立野台地の上で町づくりが展開したため、用水路が同心円状に配置されています。

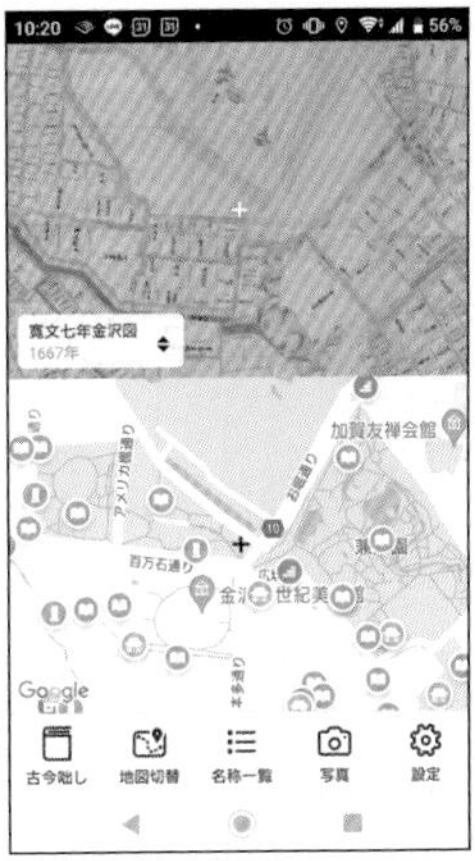

『古今金沢』　現在の地図*上の位置が350年前の『寛文金沢図』上に示され、かつての屋敷住人が誰かわかる。街路も惣構も堀も用水もわかるので、江戸時代の町並みを探るには必須のアプリ。

その内側に長方形に仕切った武家地が置かれたので、いたるところで歪みや行き止まりができ、坂道とともに複雑怪奇な迷路状の街並みを形成しています。犀川は日本海へと西に流れ、河口部に城下町の外港、宮《みやの》腰湊《こしみなと》（現在は金沢市金石《かないわ》）が整備され、海運拠点として栄えました。

慶長5年（1600）の関ケ原合戦前後の緊迫した情勢のなか、整備されたばかりの4つの外堀の外側に、さらに二重の「惣構」（堀と土塁による防御ライン）が建設されました。金沢城下町の町づくりは、この二重の惣構と、元和・寛永年間（1615〜44）に進めた卯辰《うたつ》山山麓・寺町《てらまち》台地での寺院群づくりで、身分による住み分けの原則が固まりました。「惣構」の内部は上級武士の屋敷と御用町人の拝領屋敷に限定されました。平士《へいし》（馬廻り・小姓クラス）と地子《じし》負担義務のある一般商工民の町人屋敷や寺社地などは惣構の外側に配置され、城下の外縁部は、寺院群のほか足軽・小者など軽輩身分が群居する組地、また陪臣《ばいしん》たちが閉鎖空間に群居する「下屋敷」が置かれました。

円形に城下を囲う惣構が城郭とともに町づくりの基

＊ mapdata : google

『延宝金沢図』（石川県立図書館蔵）

準となり、同心円的に身分別の居住空間が区切られました。町歩きしながらその痕跡を確認するには、惣構の痕跡である用水路に沿って歩き、惣構に架かる橋や暗渠《あんきょ》に着目するとよいでしょう。

多様性豊かな外縁部
家中町で固められた惣構の外側

さて、城に近いところは台地先端部であり、寛永9年（1632）に辰巳用水が引かれたのち水の便はよくなりましたが、当初の住環境は決して一等地でなく、周辺部のほうが適地を求めやすく、屋敷地も広くのびやかに設定できるよさがありました。そのため、城下縁辺部に屋敷地を求める武士や寺院が多く、地子を藩に納付してでもよい屋敷地を求めたほか、城下に近接する村の田畑を屋敷地として個別に借り受ける武士もいました。このような私的貸借で確保した屋敷地を相《あい》対請地《たいうけち》といいます。

相対請地を求めた寺院や町人は初期からかなりおり、江戸時代も後半になると都市下層民の借家や小屋なども増えます。一方、上級藩士の下屋敷（家中町《かちゅうまち》）や寺屋敷も相対請地の中で大きな面積を占めていました。こうして城下町の外縁部は、身分的に多様な人々が、区画を設けて住み分けしていた空間となり、近世の都市住民のニーズにかなった場所に変貌していきます。

金沢の繁華街を歩いていると水量豊かな用水路に出会います。なかには惣構の一部であった用水もあり、流れの方向と段差に注意して周囲を見ていくと発見があります。また寺院群に迷い込めば、その辺が城下外縁部になるのだと感じられるはずです。

城下を南北に貫通する北国往還《ほっこくおうかん》は、中世以来の主要街道として小立野台地先端部で犀川・浅野川と交わり、北へ延びていきます。また、西の日本海に向かって一直線に延びる宮腰往還《みやのこしおうかん》が元和2年（1616）に整備され、文禄元年（1592）頃に整備された石引道《いしびきみち》（前田家の菩提寺・天徳院付近から城に向かって小立野台地上を一直線に延びる道）と金沢城付近で交わっていることにも注目したい。近江町市場に近いバス停は武蔵《むさし》ケ《が》辻《つじ》といいますが、ここと石川門の出口（兼六園との境目の石川橋）が、南北の幹線と東西の幹線が交わるポイントで、現在もにぎわい空間となっています。

城下町の中心は城です。金沢の原点である金沢城は27万平方メートルもある広大な敷地をもち、石川門出口（または兼六園の石引口）と武蔵ケ辻の2か所に分かれ主要幹線路と接しています。この主要幹線の道幅は江戸時代すでに6～9メートルありました。

なお、有力家臣の家来（陪臣《ばいしん》という）たちが群居する空間は下屋敷と呼ばれています。3000石以上の重臣約40家に許された特権ですが、彼らの家臣（陪臣）が居住する下屋敷は家中町ともいい、このような陪臣集住地が公認されたのは120万石の巨大大名ならではの特徴です。

本多町はその代表で、界隈《かいわい》に5万石の家老・本多家の家臣であった鈴木大拙《だいせつ》の記念館や、中屋敷にあった松風閣庭園、本多家の菩提寺である大乗寺跡、大乗寺坂などの伝承地があるので、足を運べば往時の雰囲気を味わうことができます。（木越隆三）

松風閣庭園（金沢市提供）

Part 1 金沢城を歩く

玉泉院丸庭園

金沢城地図

尾坂門跡がある大手門口から入ってすぐの区画が新丸（広場）だ。ここから南へ向かうと、三御門に囲まれた三の丸に入る。河北門や石川門から入ると、五十間長屋が目の前に広がる。金沢城は石垣の博物館と称されるほど、多種多様な石垣が残存している。各石垣は建設年代も成立も異なるので、時代の変遷を感じながら見て回りたい。

START
大手門（尾坂門）口
尾坂門跡
お堀通り
大手堀
越後屋敷跡
新丸広場
新丸
黒門口
三の丸
北園地
河北門
一の門
ニラミ櫓台
二の門
湿生園
四十間長屋跡
三の丸広場
三の丸
菱櫓
土橋門跡
二の丸広場
二の丸
五十間長屋
橋爪橋
一の門
切手門
数奇屋敷
石垣
橋爪門続櫓
橋爪門
旧第六旅団
司令部
二の門
色紙短冊積み石垣
極楽橋
戌亥櫓跡
本丸園地
本丸
いもり坂
三十間長屋
鼠多門
玉泉院丸庭園
鉄門跡
鼠多門口
N
玉泉院丸（いもり坂）口
お堀通り

城内 1

城内の官庁街と呼べる曲輪の跡地「新丸」

巨大な鏡石を有する「尾坂門跡」石垣

金沢城公園には「黒門口《くろもんぐち》」「鼠多門口《ねずみたもんぐち》」「石川門口」など、いくつかの出入口があります。今回は金沢城の正門にあたる「大手門（尾坂門《おさかもん》）口」から入ることにします。大手門口の右手（西）には大手堀と石垣が見えます。

大手門口の坂道の途中に金沢城の大手門「尾坂門跡」が見えます。現在、門は残っていませんが、石垣でその遺構を確認することができます。金沢城では、前田利家《としいえ》の入城から明治維新までの約２８０年にわたり、さまざまな石垣がつくられました。そのため、多種多様な石積みを楽しむことができます。

尾坂門の石垣は、慶長年間（１５９６～１６１５）に築かれた「慶長石垣」と呼ばれるものです。この石垣の特徴は、使われている石材が、自然石を矢で割っただけの割石中心だという点です。尾坂門の石垣には、金沢城の石垣の中で最も大きな鏡石が使われています。

大手堀と石垣　かつては新丸の中央にあった、南北に延びる水堀とつながっていた。現在、周辺は遊歩道として整備されている。

尾坂門の石垣　写真中央のひときわ大きな石が「鏡石」。

加賀藩の御役所が置かれていた「新丸」

さらに坂道を上ると「新丸《しんまる》（広場）」です。現在の

新丸広場　江戸時代は官庁街だったが、現在は辺り一面に芝生が敷かれている。写真は越後屋敷があったとされる場所。

広場に当時の建物は残っておらず、復元された河《か》北門《ほくもん》（36ページ）直下に慶長期の豪快な石垣と、「湿生園《しっせいえん》」という内堀を埋めた公園があるのみです。

新丸は、慶長4年（1599）に築かれた曲輪《くるわ》で、岡嶋備中《びっちゅう》や富田《とだ》越《えち》後《ご》など重臣の屋敷が置かれましたが、寛永8年（1631）に発生した寛永の大火《たいか》をきっかけに、二の丸や三の丸などにあった武家屋敷とともに城外へ移転していきます。

城内の重臣屋敷が徐々に城外へと移転したため、新丸には作事所《さくじしょ》（藩の諸建物の営繕を所轄）、割場《わりば》（各役所の人足の配分を決める役所）、下台所、越後屋敷《えちごやしき》、細工所《さいくしょ》（藩主の武具などの製作・修理を行う）などの役所が設置され、5代藩主綱紀の時代には「官庁街」といえる状態になっていました。

このうち越後屋敷は、かつて新丸にあった富田越後の屋敷跡に置かれた建物です。藩主が参勤し、江戸に滞在している間、家老など年寄衆が集まり政務を行う場であり、新丸では最も重要な役所でした。宝暦6年（1756）に焼失したあと再建されなかったようですが、文化の二の丸御殿再建を機に、文化8年（1811）、再び新丸に越後屋敷が建てられました。

湿生園　ハナショウブやヒメスイレンといった湿性植物が見られる。

城内 2

意匠と防備が考えられた正門にあたる「河北門」

大手門方面からの要所を守る枡形門

新丸広場を南に向かって進むと、正面に菱櫓《ひしやぐら》（52ページ）が見えてきます。左手の河北《かほく》坂を上ると「河北門」があります。

河北門は三の丸の正面に位置し、金沢城の実質的な正門にあたります。「石川門」（40ページ）、「橋爪門」（50ページ）とともに、江戸時代から「金沢城三御門」と呼ばれていました。高麗門《こうらいもん》様式の「一の門」、内部に石垣が隠されている「枡形《ますがた》土塀《どべい》」、続櫓《つづきやぐら》の機能をもつ「ニラミ櫓台《やぐらだい》」、櫓門《やぐらもん》である「二の門」で構成されています。

正確な創建年代は不明ですが、発掘調査の結果、平入り門ができた慶長5年（1600）頃は屋敷地であり、慶長後期（1605〜15）には現在のような枡形門になったという変遷が判明しました。

隠し狭間　一の門の正面からは海鼠壁で隠されて見えなくなっている鉄砲狭間。

一の門には「隠《かく》し狭間《ざま》」が再現されています。隠し狭間とは、銃を突き出して敵を撃つ穴である鉄砲《てっぽう》狭間《ざま》を、敵からわからないよう隠したものです。

一の門の両脇は「海鼠壁《なまこかべ》」と呼ばれる工法の壁です。壁に平瓦を並べ、目地を塞《ふさ》ぐときに漆喰《しっくい》を盛り上げて蒲鉾《かまぼこ》型に固める方法で、金沢城の建築では広く用いられている技法です。この海鼠壁により、鉄砲狭間は隠され、戦闘時には平瓦を壊して銃眼にしていました。

再現された城内唯一のかくし石垣

河北門は宝暦9年（1759）の大火で再び焼失しましたが、11代藩主前田治脩《はるなが》が再建事業を受け継ぎ、安永元年（1772）に再建されました。しかし、明治になると城跡に入った陸軍によって、老朽化した河北門は取り壊されました。

平成18年（2006）から、河北門復元整備に伴った埋蔵文化財調査が行われました。その調査結果や現存する絵図や古写真、文献などの史料をもとに設計を行い、史実を尊重した復元が進められ、平成22年（2010）、約130年ぶりに往時の河北門がよみがえりました。その際、枡形土塀について「城内で唯一のかくし石垣」と記されていたことが古文書で確認されたため、石垣を積んだ上から漆喰を塗り、外観からは石垣造だとわからない構造が忠実に再現されています。

一の門　幅4.7メートル、高さ7.4メートルの総ヒノキ造の門。

二の門　高さ12.3メートル。写真右のスロープを上ると、櫓部分（2階）に入って内部を見学することができる。

石垣が隠されている枡形土塀　白い部分はふつうの壁のように見えるが、中には石垣が隠されている。

城内 3

穴太の技術で磨かれた石垣が残る「三の丸」

火災を免れ重要文化財の一部となった太鼓塀

河北門を抜けると、「三《さん》の丸《まる》（広場）」に出ます。その東側一帯には、武具などが置かれていた「九十間《きゅうじっけん》長屋《ながや》」、西に続く細長い腰曲輪沿いには「四十間《よんじっけん》長《なが》屋《や》」がありました。

九十間長屋は石川門と河北門をつなぐ2階建ての長屋で、直下に白鳥堀がめぐっていました。宝暦9年（1759）の大火後に再建された際、その3分の2は太鼓塀となり、2階建て長屋は河北門続きのみに縮小されました。明治14年（1881）の大火で2階建て長屋は焼失、火災を免れた太鼓塀は石川門とともに重要文化財の一部となっています。

三の丸には、天正11年（1583）に前田利家が入城したあと、重臣たちの屋敷が建てられていました。城内に役所などの藩の施設が増え、二重の惣構が完成したことから、屋敷は順次城外に移転していきます。

三の丸広場を西へ進み、菱櫓《ひしやぐら》（52ページ）の北側にある道を堀沿いに進むと、「二《に》の丸北面《まるほくめん》石垣《いしがき》」が見

三の丸広場 菱櫓、五十間長屋、橋爪門続櫓を一望できる。

二の丸北面石垣 形や大きさをそろえて積まれた粗加工石を積んだ石垣。粗加工石積みの中でも最も完成されたものといわれている。

えます。「粗加工石積み《あらかこういしづ》」の石垣で、穴太《あのう》（石垣をつくる専門技術者）の後藤彦三郎《ごとうひこさぶろう》が城内でも一、二を争うほどの美しい石垣だと評したとされています。

二の丸北面石垣の北側には「四十間長屋跡」があります。そこからは新丸を一望でき、金沢城が北を大手にした城であることがわかります。

石垣の歴史が見られる「土橋門跡」周辺

さらに西側に進むと右手（北）に「土橋門跡《どばしもん》」があります。案内板の東側にある土橋門の石垣は、六角形の「亀甲石《きっこういし》」が組み込まれているのが特徴です。

土橋門石垣の亀甲石

土橋門は寛永8年（１６３１）に創建され、宝暦の大火で焼失、門だけでなく石垣も大きな損傷を受けました。その後、文化2年（１８０５）に再建され、石垣については、亀甲石が組み込まれている東側の石垣が享和年間（１８０１～04）、西側の石垣が寛文5年（１６６５）に修復されたといわれています。

土橋門東側の石垣を補修したのは後藤彦三郎です。彼が残した古文書によると、亀甲石には防火の願いが込められていたとされ、文化5年（１８０８）に起きた大火で土橋門が焼失を免れたのは、この石のおかげと伝えられています。

土橋門跡の南側には「切手門《きってもん》」があります。門の手前にある土橋の土台となる石垣が、寛文～元禄年間（１６６１～１７０４）に「金場取残《かねばとりのこ》し積み《づ》」という技法でつくられたものです。金場取残し積みの石垣は多角形の切石《きりいし》を乱積みしたもので、表面にあえて自然な石の形をそのまま残しているのが特徴です。

金場取残し積み石垣

城内 4

金沢城の顔となった重要文化財「石川門」

洗練された白亜の城の「搦手門」

三の丸広場の北東隅には総合案内所があります。その右手（南）にあるのが「石川門《いしかわもん》」です。

石川門は白漆喰《しろしっくい》で塗り固めた塗籠壁《ぬりごめかべ》に、漆喰を盛り上げて施工する海鼠壁と、光が当たると銀色に輝く鉛瓦《なまりがわら》が組み合わさり、白さが際立つ城門です。金沢城三御門の１つで、金沢城公園の東を通る「お堀通り」から見ることもできるため、金沢城を代表する門となっていますが、じつは搦《からめ》手門《てもん》（城の裏門）にあたります。城の東側の山地は越中国との境であり、東からの敵の攻撃に備える門でした。

櫓と櫓をつないだ重厚な枡形門

二の門　総合案内所側から見ると、写真左と右で石垣の積み方の違いがわかる。

二重櫓の壁　白漆喰で塗り固められた塗籠壁と、鉛瓦を貼り合わせた目地に漆喰を塗り、盛り上げて格子状にする海鼠壁。

石川門は高麗門様式をもつ「一の門」と、それに付属する左右の「太鼓塀《たいこべい》」、櫓門の「二の門」、二重2階建ての「石川櫓」、一重の渡櫓《わたりやぐら》で構成されています。一の門から入って右（北東）に90度曲がり、櫓門となっている二の門を通るという、典型的な枡形門です。現在残る近世城郭で、これほど完全な枡形構造が現存するのは石川門だけという評価も得ています。

一の門の左右に続く太鼓塀は、内側を空洞にし、中に小石が詰められた塀です。分厚いため鉄砲の弾が貫通するのを防ぐほか、万が一、塀に穴が開いたとしても、詰められた小石が穴を塞ぐ仕組みです。枡形や太鼓塀で、敵の侵入を防ぐ強固な門となっています。

上空から見た石川門　一の門、石川櫓、渡櫓、二の門で囲まれた、きれいな枡形門であることがよくわかる。（『よみがえる金沢城②』より転載）

一の門の太鼓塀と切妻屋根　中央の屋根は切妻屋根で、本を開いたような形の傾斜がつくられているのが特徴。

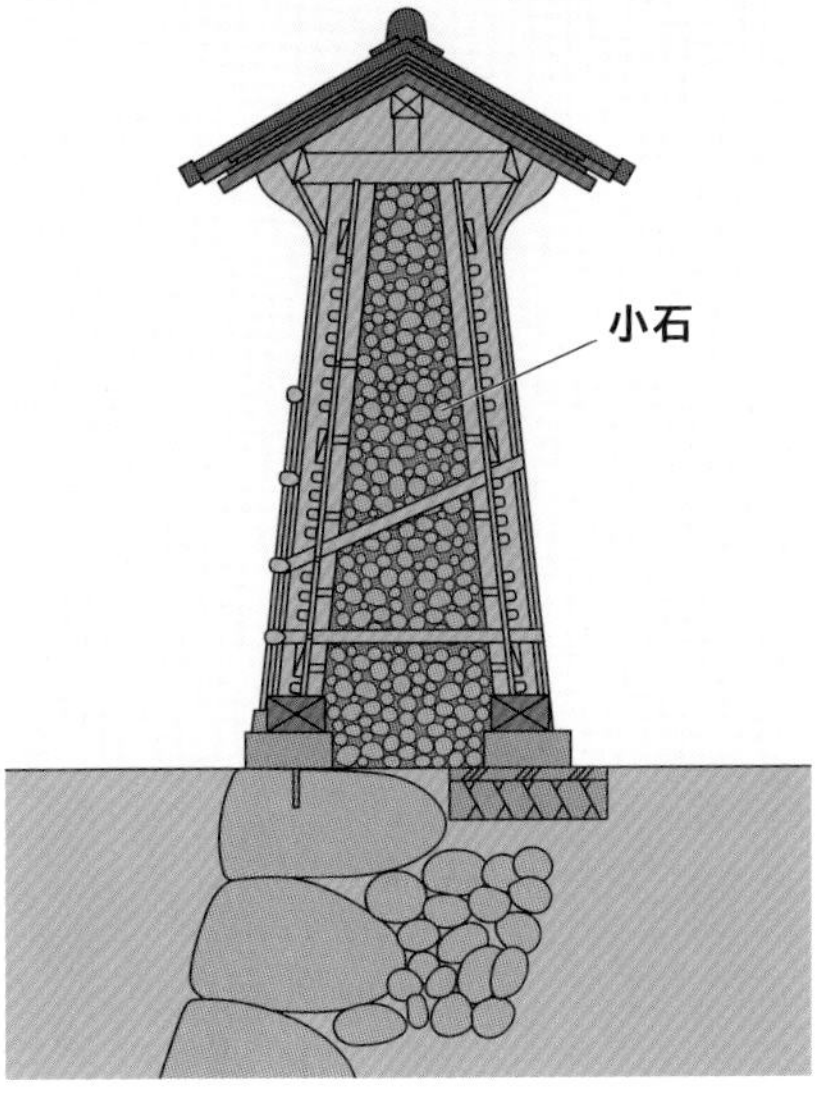

太鼓塀の構造

創建されたのは、慶長年間（1596〜1615）より前とされています。創建後は何度も大火による焼失と再建を繰り返すこととなりました。

現在の石川門は、宝暦の大火で焼失後、天明8年（1788）に再建されたものです。細かな補修などは加えられていますが、約230年前の、江戸時代後期の姿が残る貴重な遺構となっています。昭和25年（1950）に国の重要文化財に指定されました。

石川門を未来に残すため、平成18年（2006）から8年がかりで保存修理作業が行われました。門全体を油圧ジャッキでもち上げ、腐食の激しい柱の根元を交換したり、過去の修理でコンクリート製になっていた太鼓塀を支える控柱《ひかえばしら》を、史実に基づき木製にしたりという保存工事が行われました。

同じ場所で積み方の異なる珍しい石垣

三の丸から枡形門の中に入ると、2つの異なる石垣様式を同時に見ることができます。

正面側（南）の石垣は粗加工石積み、右側（西）の石垣は「切石積み」という積み方になっています。

石川門内部の石垣　写真左が「粗加工石積み」、右が「切石積み」になっている。

金沢城は大火によって建物の焼失と再建を繰り返しました。寛永の大火後の石垣の再建や修復は寛永16年（1639）頃まで行われ、この時期に建設された石垣を「寛永石垣」と呼んでいます。寛永石垣の特徴は規格を

粗加工石積み石垣の拡大写真　表面に大きな刻印が入っているため、寛永石垣だとわかる。

統一した粗加工石に大型の刻印が入っていることで、石川門内部にある粗加工石積みの石垣にもこの特徴が見られます。

石川門内部の切石積み石垣は、宝暦の大火のあと、明和2年（1765）の改修後の姿と考えられています。被害が少なかった古い石垣はそのまま残され、被害の大きかった石垣は当時普及していた技術で改修されたようです。

続長屋　一の門から入り、正面に見えるのがこの続長屋で、写真右側の二の門を抜けた先が三の丸。

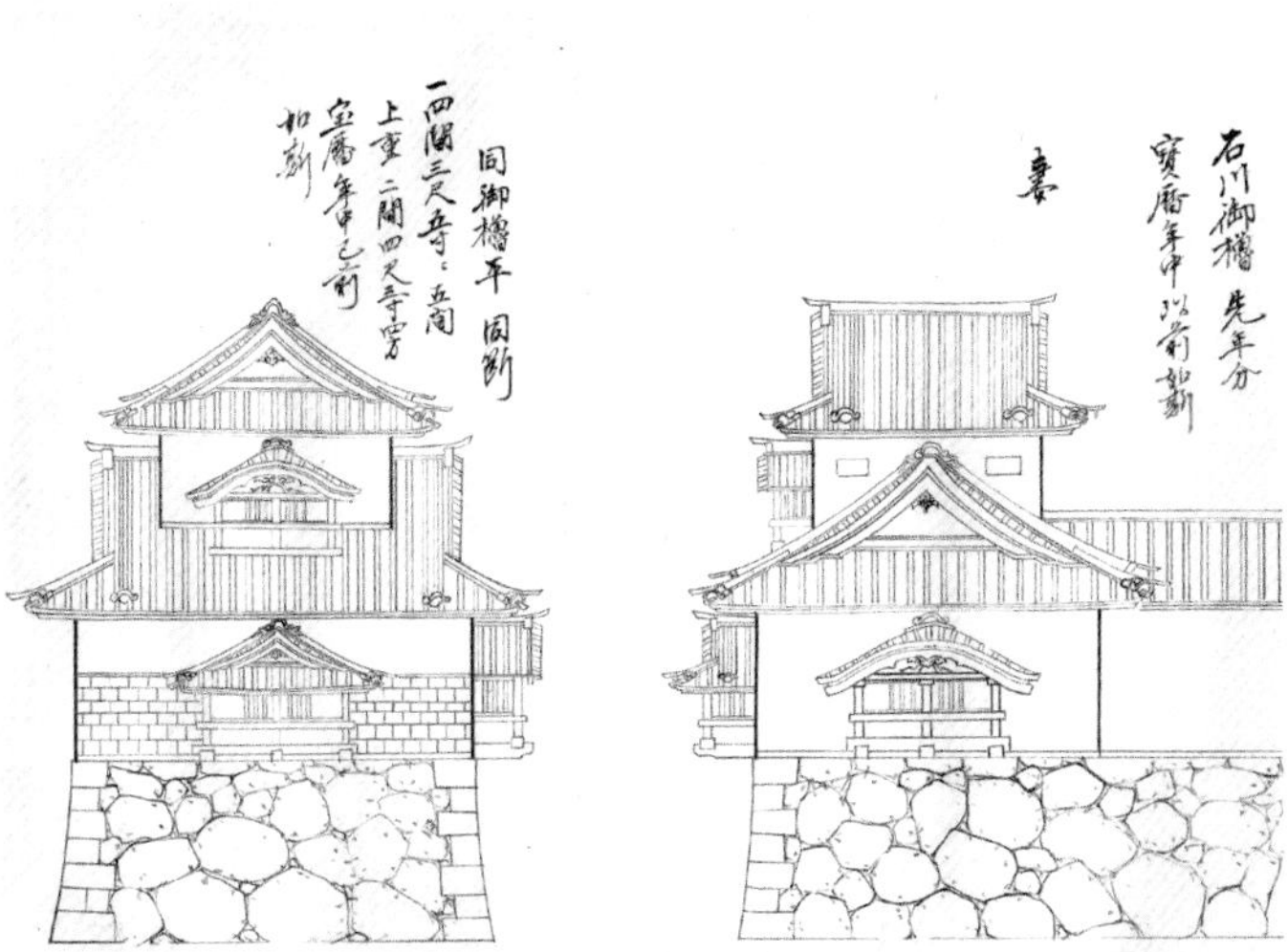

『加州金沢御城来因略記』　宝暦9年（1759）の宝暦の大火以前は、石川門の櫓の出窓は南面に2つ、東面に1つあったが、再建された今の石川門には南面の1つだけになっている。（石川県立図書館蔵）

歴代藩主が丹精し 市民に愛される 特別名勝「兼六園」

加賀百万石の豊かさが生み出した巨大庭園は、200年以上をかけて造成。
日本三名園の1つであり、現在は国内だけでなく、海外からの来客も絶えない。

1年中美しさが尽きない園庭

金沢城公園に隣接する「兼六園」は、約10万７４０平方メートルの広さをもつ国の特別名勝です。水戸の「偕楽園」、岡山の「後楽園」と並ぶ日本三名園に数えられ、ミシュラン観光ガイドでも最高点の３つ星を獲得しています。

兼六園という名は、「宏大《こうだい》・幽邃《ゆうすい》・人力《じんりょく》・蒼古《そうこ》・水泉《すいせん》・眺望《ちょうぼう》」という６つの庭園美を兼ね備えていることに由来します。中国宋代の『洛陽名園記《らくようめいえんき》』に、広々としている（宏大）と静かな奥深さ（幽邃）がなくなり、人工的（人力）だと自然の趣き（蒼古）が失われる。池や滝（水泉）が多いと、遠くの景色（眺望）を楽しめないとあります。つまり、６つの美点は相反していて同時に存在できないものだということを記しているのですが、兼六園ではそれが調和しています。

兼六園最大の魅力は、いつ訪れても美しいことだといわれています。春には梅や桜、初夏にはカキツバタ、秋には紅葉と季節ごとに草木も色を変えます。冬の雪で枝が折れないように縄で支える「雪吊《ゆきづ》り」は、風物詩にもなっています。

兼六園は一朝一夕に造園されたわけではありません。長い年月をかけて、歴代藩主が造成し、徐々に大きくなっていきました。そんな兼六園の歴史と現在の姿を見ていきます。

「蓮池庭」から始まった兼六園 神仙思想を取り入れた「瓢池」

兼六園には、桂坂《かつらざか》、小立野《こだつの》、随身坂《ずいしんざか》、真弓坂《まゆみざか》、蓮《れん》池門《ちもん》、桜ケ岡《さくらがおか》、上坂《かみさか》と、出入口が7か所もあります。金沢城公園の石川門と直結している桂坂口と、江戸時代の正門である蓮池門口がよく使われていますが、どこから出入りしても構いませんし、決まった順路はありません。ここでは、蓮池門から入ることにします。

藩政の初期、この付近は3代藩主利常の正室である珠姫のお供の居住地とされ「江戸町」と呼ばれていましたが、元和8年（1622）に珠姫が亡くなると取り壊され、5代藩主綱紀により、延宝4年（1676）頃から別邸である蓮池御屋敷の建設に合わせて造園が始まりました。これが兼六園のはじまりといえます。

金沢城に面する傾斜地の石段を上ったところに「蓮池門跡」があります。その右手には番所が設けられていましたが、現在は「特別

蓮池門跡　桂坂から茶店を抜けて石段の上にある。

名勝兼六園」の石標が立っています。
蓮池門跡の石段を上ると松濤坂《しょうとうざか》という幅広い坂道に出ます。その坂道の途中を右手（南西）に折れると見えてくるのが「瓢池《ひさごいけ》」です。この周辺は、のちに兼六園と名がつくまで「蓮池庭《れんちてい》」と呼ばれていた場所です。ここが園内で最も古く、兼六園の作庭はここから始まりました。

瓢池の面積は約2500平方メートルで、神仙思想を反映し、池の中には蓬莱《ほうらい》、方丈《ほうじょう》、瀛州《えいしゅう》という3つの島を設けて「三島一《さんとういち》連《れん》の庭《にわ》」と呼ばれていましたが、宝暦9年(1759)に蓮池庭は火災で荒廃します。11代藩主治脩《はるなが》が、安永3年(1774)に復興整備を行い、翠滝《みどりたき》と茶室「夕顔《ゆうがお》亭《てい》」をつくりましたが、その際に島は一部陸続きとなってしまいました。

瓢池　池の中間がくびれて瓢箪のように見えることから名づけられた。

反対に、蓮池門を左(北東)に進むと、「桜ケ岡」と「常磐ケ岡《ときわがおか》」が見えてきます。桜ケ岡は、桂坂口や桜ケ岡口から入ると最初に現れる桜林で、園内で最も多くの桜の木が植えられ、春には桜色に染まります。

常磐ケ岡には松などの針葉樹が多く、冬でも緑が多く残り、霞ケ池《かすみがいけ》と瓢池を結ぶ小川がめぐらされています。その中ほどにあるのが、現存する日本最古の噴水といわれています。霞ケ池との高低差を利用した水圧によって、約3・5メートルの水を噴き上げています。

江戸時代後期の大造成で園の中心となった「霞ケ池」

常磐ケ岡を抜けると平地に出て、兼六園最大の池である「霞ケ池」にたどり着きます。面積は瓢池の倍以上の約5800平方メートル、水深は深いところで約1・5メートルに及び、掘った土を池の隣（西側の陸地）に盛って「栄螺山《さざえやま》」を築いたほか、池の中には「蓬莱島《ほうらいじま》」を設けています。蓬莱島は亀のような形から「亀甲島《きっこうじま》」とも呼ばれます。

この霞ケ池と千歳台《ちとせだい》付近には、治脩により、「明倫堂《めいりんどう》」「経武館《けいぶかん》」という藩校が建てられていました。しかし12代藩主斉広《なりなが》は文政5年（1822）、藩校を移転し、自身の隠居御殿として広大な「竹沢御殿《たけざわごてん》」を建てました。

ところが、2年後に斉広が亡くなると、13代藩主斉泰《なりやす》は御殿を解体し、霞ケ池を掘り広げたり、曲水《きょくすい》の新たな取り入れを行うなど、跡地の庭園化を始めます。そして、安政7年／万延元年（1860）には、もともとあった蓮池庭と竹沢庭の間の門などが取り除かれ、一大庭園としました。

霞ケ池　標高53メートルの高台にあり、水は辰巳用水から引いている。水面に映る木々までが美しい兼六園の顔。

徽軫灯籠　霞ケ池のほとりに立つ灯籠。池の中に入った脚は1.9メートル、石上に載った脚は0.8メートルと長さが違う。

池の周囲には、脚の長さの違う「徽軫灯籠《ことじとうろう》」をはじめ、唐崎松《からさきのまつ》、虹橋《にじばし》、内橋亭《うちはしてい》などが配されています。この辺りは位置によって見え方が異なる、兼六園の代表的スポットです。

霞ケ池に水を供給しているのは、3代藩主利常が開いた「辰巳用水」です。もともとは城内用水、防火用水として引かれた水路ですが、兼六園の作庭にも利用され、霞ケ池の水は城の堀にも供給されています。

霞ケ池の端に着くと、高台から城下を見下ろし、遠くには白山山系の医王山《いおうぜん》などを望む眺望台に出ます。さらに進むと複雑に張りめぐらされた曲水が現れます。この池周辺一帯の高台が「千歳台」です。この広い平地には、姫小松や乙葉松、播州松など、歴代藩主が植えた大木が点在していますが、とりわけ「兼六園菊桜」は見応えがあります。

玉泉院丸庭園の庭石を台座に使用した「日本武尊像」

菊桜から東に進むと、「明治紀念之標《めいじきねんのひょう》」があり、ひときわ目立つ「日本武尊像《やまとたけるのみことぞう》」が現れます。明治維新により加賀藩もなくなり、明治5年（1872）の公開に続き明治7年（1874）に公園に認可され、より開放された都市公園になっていきます。紀念之標は、明治10年（1877）の西南戦争の戦没者をまつる銅像です。日本武尊は日本神話に登場する英雄で、銅像の高さは約5・5メートル、重さは約5・5トン、台の高さは約6・5メートルあります。セメントなどを使わず、石の重みで組み合わされた日本最古の銅像といわれますが、台座の石は玉泉院丸庭園で使っていた庭石であったことも注目すべき点です。

この銅像から曲水沿いを東へ進んでいくと、「山崎山《やまざきやま》」が見えてきます。小立野口に近い山崎山は、秋にはカエデが真っ赤に色づくことから紅葉山とも呼ばれます。また、慶長4～5年（1599～1600）につくられた東外惣構の始点にあった土塁を利用したものでした。入口には松尾芭蕉の「あかあかと日は難面《つれなく》も秋の風」の石碑があり、高さ9メートルの山頂には茅葺きの御《お》亭《ちん》があります。さらに山の中腹まで行くと、京都の御《お》室御所《むろごしょ》の塔を模してつくられた「御室の塔」と呼ばれる五重の塔があります。

日本武尊像　園内のほぼ中央にある銅像。明治以降の時代の流れで兼六園の中も様変わりしていった。

山崎山の裏手には、氷室跡《ひむろあと》というくぼ地があります。冬に積もった雪をくぼ地に集め、わらなどで覆ってたくわえておく場所でした。山崎山周辺は木々も多く、兼六園の中でも最も静かで涼しい場所です。

繊細優美な藩主正室の御殿「成巽閣」昭和に復元された「時雨亭」

山崎山から西へ進むと、壁沿いに石川県立伝統産業工芸館と「成巽閣《せいそんかく》」が見えてきます。斉泰の義母・真《しん》龍院《りゅういん》の隠居地として、文久3年（1863）に建てられた屋敷で、竹沢御殿の一部を移してつくられました。国元にある正室の御殿として貴重であり、昭和25年（1950）には国の重要文化財に指定されました。

成巽閣の正門は、随身坂口を出て左手（東）にありますが、兼六園からは、長屋沿いの赤門《あかもん》から入ることもできます。建物は1階が武家書院造、2階が数寄屋《すきや》風書院造となっており、2つの建築様式が組み込まれています。この御殿の大きな特色は、小鳥の絵が描かれたオランダ渡りのギヤマンや、「書見の間」の極彩色の欄間、「群青《ぐんじょう》の間」を代表とする鮮やかな色壁など、彩色が豊かなところです。女性の住まいらしい繊細さが見てとれます。屋敷の中庭には国指定名勝の「飛鶴《ひかく》庭《てい》」や、「つくしの縁庭園」、「万年青《おもと》の縁庭園」など見事な庭園が広がっています。

成巽閣 現在は前田家伝来の美術品や調度品が展示され、一般公開されている。

随身坂口を出たところには、「金沢神社」があります。金沢神社は、前田家の遠祖と伝わる菅原道真《すがわらのみちざね》をまつる天神社ですが、かつてあった藩校に付属した社《やしろ》で、「学校鎮守」と呼ばれていました。神社の前には放生池がありますが、隣の小さな東屋《あずまや》からも湧き水が出ています。これが「金城霊沢《きんじょうれいたく》」で、金沢の地名の由来となった泉といわれます。井戸のように丸い石に囲まれ屋根のついた外観は、12代藩主斉広が、文政5年（1822）に整えました。

随身坂口から入って兼六園に戻り、左（北西）に進むと広大な梅林《ばいりん》が広がっています。この付近は元禄9年（1696）頃までは横山家などの武家屋敷で、その後、火除地や藩校に使われ、明治時代には金沢市長を務めた長谷川準也《はせがわじゅんや》の邸宅などがありました。

平成6年（1994）にこの地域の整備事業が決定し、もともとあった梅林と書院庭園と、藩政期にあった「時雨《しぐれ》亭《てい》」と「舟之御亭《ふなのおちん》」を再現し、兼六園の新たな記念物としました。

時雨亭 現在の噴水前辺りにあった別荘を再現。建築面積は270.4平方メートルと広く、茶会や催事に利用することもできる。

城内 5

城内で最も格式高い二の丸の正門「橋爪門」

御殿を守る城内最大の枡形門

石川門から三の丸広場に戻ると、正面に近年復元された「菱櫓」「五十間長屋」「橋爪門」の偉容が見え、200年前の景観が蘇ったかのようです。三の丸広場から堀沿いに左手（南）へ進むと「橋爪橋《はしづめばし》」、その先に三御門の1つである「橋爪門《はしづめもん》」が続きます。橋爪門は高麗門形式の「一の門」と「二重土塀」、櫓門式の「二の門」で構成された城内最大の枡形門です。ほかの三御門と枡形門であることは同じですが、橋爪門には二の門内側にも石垣台で仕切られた枡形の広場がもう1つ設けられ、2つの枡形をつないだ構造になっており、これは石川門や河北門にはない特徴です。

橋爪門は御殿に向かう最後の門であることから、格式が高く豪華なつくりです。敷石は縁石に対して敷石を45度にして配置する「四半敷《しはんじ》き」です。二の丸御殿の玄関前に同じ敷石が見られることからも、格式の高い門であったとわかります。

門の内側の石垣は切石積みです。切石積みの加工技術は年代を重ねるごとに金沢城独自の展開をみせ、金沢城石垣の多様性の象徴にもなっています。

敷石　「赤戸室《あかとむろ》」と呼ばれる戸室石が使われている。

橋爪門続櫓の石垣　つなぎ目が一直線に整えられた切石積みの石垣。

橋爪橋と一の門　堀に架けられている橋爪橋と、その奥に見えるのが一の門。

二の門

現在の橋爪門に使われている切石積みは、面加工が細密になっています。四方切合積みでは鍵形に角を欠いた石材を多用したり、切石と切石の密着面（合場）を拡張させた点も、江戸時代後期の石垣の特徴です。

このような石垣は城内の重要な門の土台石垣や、二の丸御殿、玉泉院丸《ぎょくせんいんまる》庭園周辺など来訪者の目を意識する場所で採用されています。これらは客人に「見せる」石垣で、軍事や防御からはかけ離れた石垣でした。

約120年ぶりにそろった三御門

明治14年（1881）に発生した火災によって、二の丸にあった建物とともに橋爪門も焼失しました。再建は、金沢大学が移転した平成8年（1996）、金沢城跡が石川県の公園になってからです。

精度のよい絵図資料が残っていたことや、発掘や古写真で不明なところを補うことができたので、史実を尊重し再建されました。橋爪門などの絵図は再建工事を担当した大工や造営奉行を務めた高畠《たかばたけ》厚定《あつさだ》の家などに残っていました。

平成13年（2001）に一の門、平成27年（2015）には二の門と枡形二重塀の復元が完了し、枡形門としての役目をもった橋爪門の往時の姿がよみがえりました。そして、約120年ぶりに、石川門、河北門、橋爪門の三御門がそろいました。

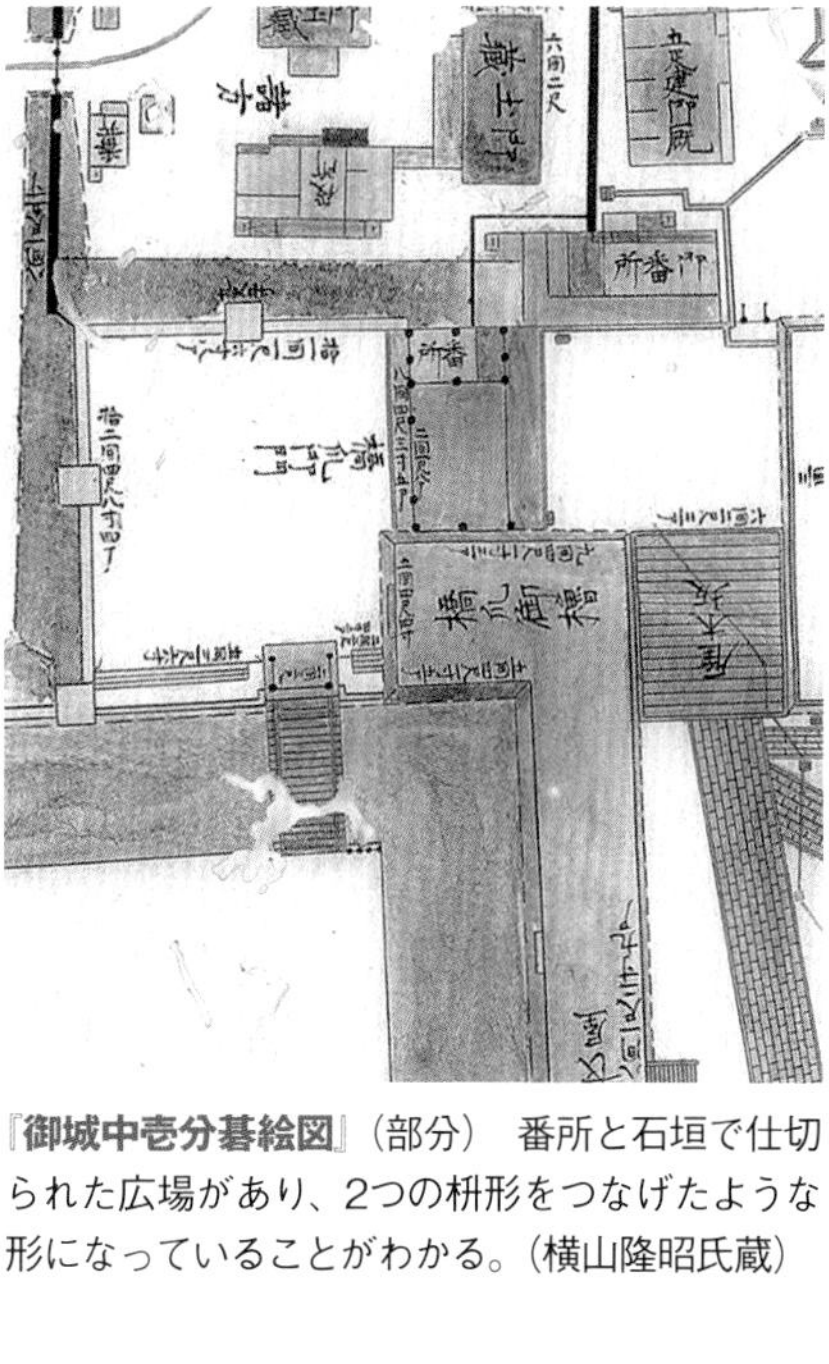

『御城中壱分碁絵図』（部分）　番所と石垣で仕切られた広場があり、2つの枡形をつなげたような形になっていることがわかる。（横山隆昭氏蔵）

新たな象徴「五十間長屋」「橋爪門続櫓」「菱櫓」

二の丸を守るためにつくられた建物群

二の丸の東側、三の丸に面して「五十間長屋《ごじっけんながや》」「橋《はし》爪門《づめもん》続櫓《つづきやぐら》」「菱櫓《ひしやぐら》」が並び立っています。これら3棟は平成13年（２００１）に復元されました。延べ床面積は約１９００平方メートルで、鉛瓦や海鼠壁が外観の特徴です。明治以降の木造城郭建築としては全国最大規模で、平成10年（１９９８）から約3年かけて再建されました。現在は金沢城の新たな象徴として親しまれています。

これらは、御殿のある二の丸を守るためにつくられた施設で、建物には7か所の「石落とし」が設置されています。そのほか鉄砲狭間や石垣、漆喰白壁や海鼠壁などが、強固さと美しさの要因です。

五十間長屋、橋爪門続櫓、菱櫓　写真左から橋爪門続櫓、五十間長屋、菱櫓。橋爪門続櫓と菱櫓を五十間長屋でつないでいる。

石落とし　出窓の床が開くようになっており、そこから石などを落とし敵の侵入を防いでいた。

櫓と櫓をつなぐ堅固な多聞櫓

五十間長屋から櫓の内部へ入ると中はつながっており、歩いて五十間長屋、橋爪門続櫓、菱櫓を一周することができます。展示スペースもあり、金沢城の歴史や復元建物の内部構成などが見られます。

五十間長屋は二重3階建ての長屋で、建物の長さがほぼ50間（約90メートル）に及ぶことからこの名がついた堅固な多聞櫓です。当時は武具奉行管理のもと、鉄砲や弓などの武具が収納されていました。

建物の再建には、木材同士をはめ込んで建築する伝統的な木造軸組工法が用いられました。内部に入れば、復元された梁や柱の木組みを間近で見

五十間長屋台根石付近の刻印（石川県金沢城調査研究所提供）

五十間長屋の石垣発掘調査　再建にあたり行われた発掘調査で、石垣内部から鍬始石が出土したことなどから石垣の創建年代が判明した。（石川県金沢城調査研究所提供）

ることができます。

また、平成10年（１９９８）に行われた土台石垣の解体調査を伴う再建工事の際に、「宝暦十三癸未年六月二十五日」と記年銘のある「鍬始《くわはじめ》石《いし》」が発見されました。「鍬始」とは石垣建設工事の開始に伴う儀式で、工事の安全と地鎮を祈念するものです。このときの発掘調査によって、五十間長屋の石垣台や二の丸と三の丸の間にある堀の石垣が寛永期に創建され、宝暦の改修の際に創建時の石垣を解体し大幅に改修されたとわかりました。

橋爪門続櫓内部の復元階段　現在と違い、当時の階段がかなり急角度であったことがわかる。進入禁止なので上ることはできない。

再建に高度な技術を要した物見櫓

さらに奥へ進むと橋爪門二の門内部に入れます。橋爪門続櫓から二の門への通路は、利活用や災害時の避難のため新たにつくられたものだとされています。

来た通路を橋爪門続櫓まで戻って階段を上り、2階へと上がります。順路の示す通り橋爪門続櫓の2階を回り、五十間長屋の廊下を北へ進むと、菱櫓へとたどり着きます。

菱櫓は二の丸の北東隅、五十間長屋の北端に位置する三重3階の櫓で、槍や弓などの武具を保管する倉庫でした。その名のとおり、鈍角が１００度、鋭角が80度の菱形《ひしがた》になるよう建てられています。この場所が石《いし》川門《かわもん》や河北門《かほくもん》、尾坂門《おさかもん》、新丸《しんまる》を見張るのに絶好の場所だったため、櫓内から見張れるよう、隅角が１００度の菱形になったといわれています。

再建するにあたって、文化5年（１８０８）の再建史料をもとに、当時の建築技術などを調査し、復元されました。再建が木造軸組工法で行われることに加え、菱櫓内は全体が菱形になっているので、柱や出窓、階

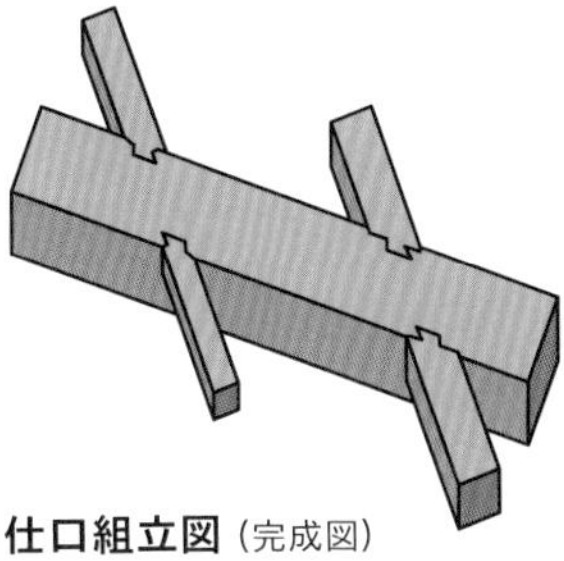

仕口組立図（完成図）

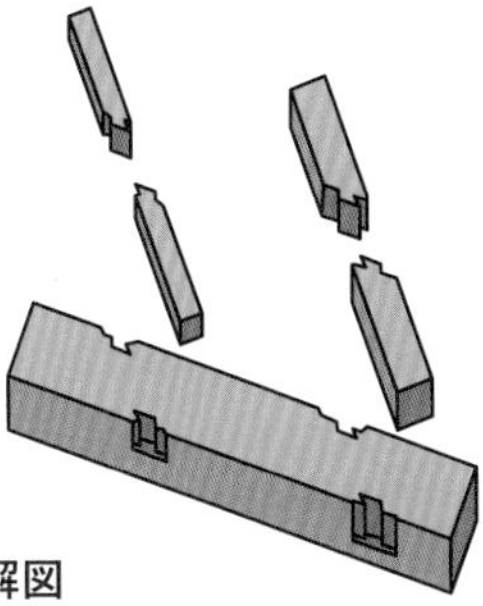

分解図

木造軸組工法　釘を使わない工法。菱櫓の場合、斜めに加工するので難度が高かった。地元産の木材、能登ヒバも使われている。

菱櫓と五十間長屋の模型　実際の10分の1の模型が五十間長屋の2階に展示されている。菱櫓を制作するにあたって、施工手順を把握するためにつくられた。

菱櫓の内部　すべてが菱形につくられているため、長屋との境目が斜めになっている。

段、破風などすべてに角度をつけて建設しなければならないため、難度の高い建造物の1つだったといわれています。

加賀藩政の中心地「二の丸」

本丸より移された「二の丸御殿」

五十間長屋から外に出ると「二の丸（広場）」です。藩政期はこの場所に「二の丸御殿」が建てられていました。前田利家が金沢城に入城した当初、御殿は「本丸」にありましたが、寛永8年（1631）の大火を機に御殿は二の丸に移されました。

二の丸御殿は創建から約120年間、災害による焼失を免れてきましたが、宝暦の大火（1759）で焼失します。しかし、藩の財政悪化のため再建は遅れました。さらに表御殿を完全に再建できないまま、文化5年（1808）に三度目の火災に見舞われます。同年4月からの御殿再建は、家臣や豪商、領民たちからの献金や協力もあり、文化7年（1810）に落成しました。

明治を迎え、金沢城は陸軍の管理下に置かれます。二の丸御殿は軍の施設として利用されていましたが、明治14年（1881）、陸軍の失火によりまたも焼失しました。

令和2年（2020）から二の丸で行われた埋蔵文化財調査の成果や『二《に》之《の》御《おん》丸《まる》御殿《ごてん》御《ご》造営《ぞうえい》内装《ないそう》等《とう》覚《おぼえ》及び見本《みほん》・絵方《えがた》』（内装等覚）という新史料の発見もあり、二の丸御殿復元整備に向けた総合調査が継続して行われています。そして、令和6年（2024）には復元工事に着手する予定といわれています。

二の丸広場　かつては弓道大会などさまざまなイベントが行われていた。

藩内の身分序列を視覚的に表す「表向」

二の丸御殿には、60を超える部屋が存在していました。それらの部屋は、3つに区分され配置されていました。

1つ目の区分は二の丸御殿の東側に位置し、御殿の玄関口近くにある「表向《おもてむき》」です。表向には竹の間と呼ばれる大広間や奥書院、小書院など、藩主と家臣らが対面の儀礼を行う部屋がありました。政庁としての機能をもつ空間であり、儀式典礼の場でもありました。幕府同様、加賀藩でも城内の儀式典礼は重要視され、在国中の藩主への挨拶、謡初《うたいぞめ》などからなる年頭儀礼や、藩士たちの家督相続、役儀拝命の申し渡しなどが行われました。

こうした城内の儀礼では、身分により拝礼場所が異なったほか、出仕した藩士の動きなどもこと細かに決められています。儀礼を行うことで、藩主と藩士の関係を再確認で

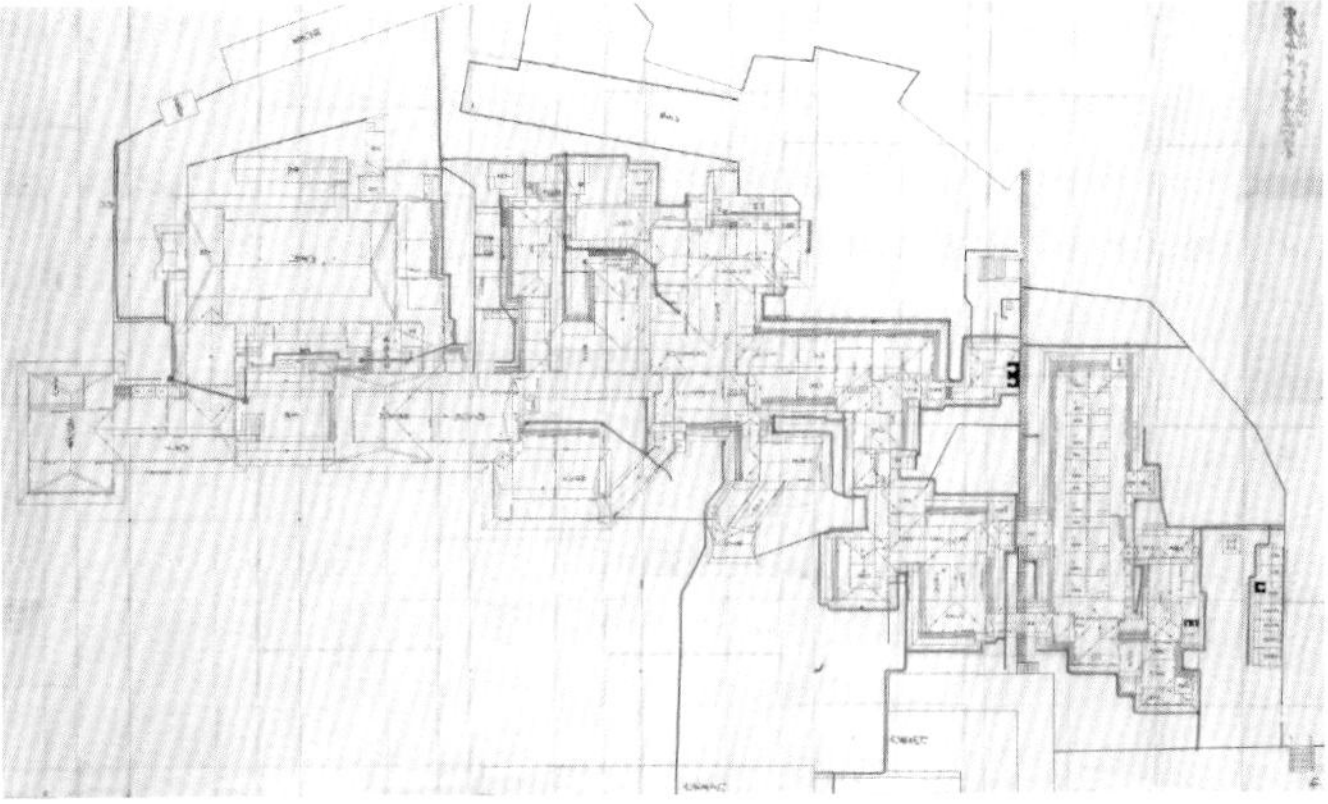

『宝暦年中二之御丸御殿地指図』 宝暦の大火後、再建工事が始まって間もない時期の御殿を描いた絵図。表向の竹の間などが空白になっている。（金沢市立玉川図書館蔵）

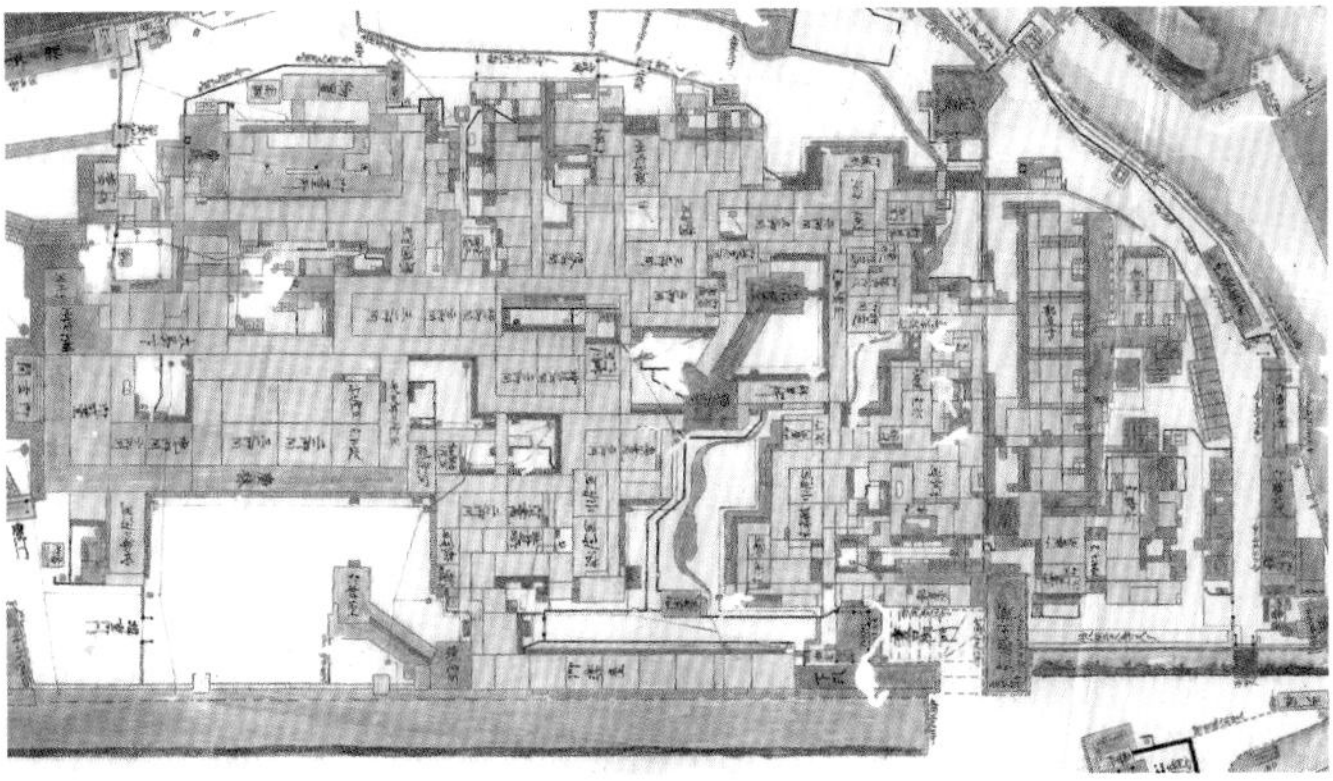

『御城中壱分碁絵図』（部分） 上の絵図と比べると、江戸時代後期には表向まで再建されている様子がわかる。（横山隆昭氏蔵）

きるので、表向は藩内の身分序列を視覚的に表す重要な場となりました。

城内の生活空間「御居間廻り」と「奥向」

２つ目の区分は、「御居間廻り《おいままわり》」です。藩主の生活空間である「御居間」や、重臣らの伺いに対して、藩主が裁可を下す「御居間書院」などがありました。おもに藩主の生活空間、日常の政務をする場でしたが、ほかには、藩主の側近である「近習頭《きんじゅうがしら》」が待機していた「御次の間」などの部屋もありました。

３つ目は、御殿の西側に位置し、金沢城で暮らす女性たちの生活空間だった「奥向《おくむき》」です。奥向は、藩主の側室やその子女が生活する御広式《おひろしき》と、御広式につとめる奥女中らが生活する「部屋方《へやかた》」に分かれていました。御広式には、側室や母が藩主と対面する場所である対面所《たいめんしょ》、先祖代々の位牌がある仏間などがありました。

奥向にどれくらいの女性が住んでいたのか、どんな役職があったのかなど、当時の生活を知ることができる史料はほとんどありません。元禄12年（１６９９）

二の丸御殿「表向」主要部の復元イメージ　令和6年（2024）開始予定の復元工事で復元される表向のイメージ図。（石川県提供）

の覚書に年寄女中とおぼしき人々や、仲居、御端《おはした》などの女性たちがいたことが記されており、奥向の様子を知る重要な手がかりとなりました。

奥向が拡張された「数寄屋丸」

二の丸広場の西側にある一段低い曲輪に向かいます。元禄10年（1697）の二の丸拡張工事のあと、この辺りまで奥向が拡張され部屋方となりました。

二の丸西端の階段を下りると、右手（北）に「数寄《すき》屋敷《やしき》石垣」が見えます。この辺りの石垣は寛文年間（1661〜73）頃に築かれたもので、左側には文化5年（1808）、あるいは宝暦期（1751〜64）に改修された石垣が続きます。

階段の右手（北）前方には「旧第六旅団《きゅうだいろくりょだん》司令部《しれいぶ》」が見えます。「数寄《すき》屋丸《やまる》」と呼ばれるこの曲輪は、3代利常の頃までは、山里丸のような茶会の場でした。寛永15年（1638）、利常がここに数寄屋をつくったという古文書があることや、周囲の趣味的な石垣からも想定できます。

数寄屋敷石垣　石の刻印は、切り出すときの作業分担などを示す役割があったとされる。

旧第六旅団司令部　明治31年（1898）に建てられた木造平屋建ての建物。

3代藩主・利常が造園した「玉泉院丸庭園」

「色紙短冊積み」は石垣界の異端児

二の丸広場に戻り、西端にある「いもり坂」を少し下ると右手（南西）に「玉泉院丸《ぎょくせんいんまる》庭園」への階段があります。階段を下りた最初の踊り場にある石垣が、玉泉院丸庭園の核心部となる「色紙短冊積《しきしたんざくづ》み石垣」です。高さ10メートルあるこの石垣の上部には、V字形の黒石が組み込まれ、ここから滝水を落とす仕掛けになっています。そのため、庭の一部を成す特異な石垣と考えられており、金沢城にしかない特別な石垣です。

江戸時代の姿を再現した「玉泉院丸」

西を向き色紙短冊積み石垣を背にすると、眼下に玉泉院丸庭園の全体が一望できます。二の丸広場の眼下

色紙短冊積み石垣

色紙短冊積み石垣上部の石樋《いしどい》
V字の石樋が飛び出ており、ここから水が流れていた。

に広がる池泉回遊式《ちせんかいゆうしき》の庭園であり、二の丸御殿の「内庭」ともいうべき城内庭園です。平成27年（2015）に復元され、金沢城公園の新しい名所となりました。池に浮かぶ中島や橋、御亭《おちん》、茶室、土橋などもあります。休憩所の「玉泉庵《ぎょくせんあん》」の南側の高台にある七角形のカラカサ御亭からは、高低差のある立体的な全景を見渡すことができます。

庭のある曲輪は、二の丸より約15メートル低く、当初は「西の丸」と呼ばれていました。2代藩主利長の正室である玉泉院の屋敷が元和期にあったことから、「玉泉院丸」の名称が定着しました。

元和9年（1623）の玉泉院の死後、玉泉院丸は空き地となっていましたが、寛永11年（1634）に3代藩主利常が庭園をつくるよう命じます。京都から庭師の剣左衛門《けんざえもん》を招き、領内からは巨石や庭木を取り寄せました。また「百人者」という庭園専門の足軽組を組織するなど、陣頭に立って庭づくりを進めました。

完成した庭園は、城内に引かれた「辰巳用水」を水源とする池泉回遊式の大名庭園で、池から二の丸広場までの高低差が大きく立体的なつくりでした。色紙短

玉泉院丸庭園　池に浮かぶ中島が再現されているほか、庭園を眺めながら休める休憩所もある。

冊積み石垣を筆頭に、意匠性の高い石垣群も、玉泉院丸庭園周辺に数多くあり、金沢城石垣の重要な特色となっています。これが、この庭園と兼六園の異なる点であり、個性となっています。

　明治維新後、城跡に入った陸軍によって玉泉院丸庭園は埋められ、露天馬場や憲兵隊の施設などに使われました。戦後は、県立体育館として長く利用されましたが、平成20年（2008）に体育館が取り壊され、庭復元のため発掘調査などが行われました。その結果、平成27年（2015）の北陸新幹線開業に合わせて玉泉院丸庭園は復元されました。玉泉庵などの新しいスポットも加えて、歴代藩主に愛された江戸末期の庭園風景が再現されました。

段落ちの滝　発掘調査で発見された滝の遺構の上に盛土を行い、その上に滝を再現している。左が発掘された斜面を4段で流れ落ちる滝の遺構、右が再現された滝。（左：奈良文化財研究所撮影）

黒い海鼠漆喰が特徴的な「鼠多門」

玉泉院丸庭園の西側に見えるのが「鼠多門《ねずみたもん》」です。

池泉　発掘調査や絵図などの史料に基づき、紅葉橋から南側の半島や、池、島などの地割りが再現されている。

明治期まで金沢城の一部を成す「金《かな》谷《や》出丸《でまる》（現在の尾山神社境内）」への出入口として機能していたのが、この門でした。

様式は石垣と石垣の間に櫓を載せた2階建ての櫓門です。屋根に鉛瓦、外壁に白漆喰塗りが用いられているのはほかの城門と同じですが、海鼠壁の目地を黒漆喰で仕上げる点は、鼠多門にしか見られない特徴です。

創建年代は不明ですが、絵図などから江戸時代前期にすでに存在していたことがわかっています。城内の多くの建物が焼失するなか、鼠多門は焼失を免れ、明治初めまで藩政期の姿を残していましたが、明治17年（1884）の火災により焼失してしまいました。

鼠多門を抜けると、城内最大規模の木橋「鼠多門橋」が架かり、金谷出丸に通じていました。この橋も明治10年（1877）、老朽化のため撤去されました。

鼠多門と鼠多門橋がなくなり、周囲の水堀も埋め立てられたことで面影は失われていましたが、平成26年（2014）から埋蔵文化財調査や史料調査、復元整備が進められ、令和2年（2020）に約140年ぶりに鼠多門は復元されました。

鼠多門

鼠多門と二の丸殿舎 古写真
金谷出丸から撮影した鼠多門と二の丸御殿。（金沢市立玉川図書館蔵）

四方で表情が変わる「三十間長屋」

意匠が凝らされた多聞櫓

二の丸広場まで戻り、歩道を東に進むと、右手（南）に「極楽橋《ごくらくばし》」が見えてきます。極楽橋は金沢城の前身である「金沢御堂《かなざわみどう》」に、真宗門徒が念仏を唱えながら渡った橋ともいわれます。

極楽橋を渡り階段を上ると、右手（西）に「三十間《さんじっけん》長屋《ながや》」が見えます。三十間長屋は南北に26間半の長さを有する長屋で、発掘調査により、江戸初期の寛永期（1624〜44）には創建されていたことがわかっています。様式は二重2階の多聞櫓《たもんやぐら》で、石垣は多様な金場《かねば》取残《とりのこ》し積《づ》みが用いられています。屋根には鉛瓦《なまりがわら》が葺《ふ》かれ、海鼠壁が施されているため、石川門と同様に、白の美しい建物です。

二の丸や本丸へ行き来する人は、足早に三十間長屋の内側の姿のみを見て通り過ぎますが、反対側の玉泉院丸《ぎょくせんいんまる》側から見る姿が、正面となります。

足を延ばして正面側に回り込むと、唐《から》

極楽橋

三十間長屋　金沢大学があった頃は図書館の書庫として使われたこともある。この写真は二の丸、本丸側から見た内側。

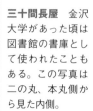

破風《はふ》や千鳥破風《ちどりはふ》の出し（出窓）を見ることができます。また、建物の南面は「入母屋造《いりもやづくり》」、北面は「切妻造《きりづまづくり》」と屋根の形が異なります。三十間長屋は、表と裏、南面と北面でつくりが違うため、さまざまな表情を楽しめます。

再建された「本丸」の防御施設

長屋は「多聞櫓《たもんやぐら》」とも呼ばれ、城の防御装置でもありましたが、平時は倉庫として使われていました。三十間長屋も食器などを入れた倉庫として使われていましたが、江戸時代の後期には武器が置かれるようになります。

西側にある石垣台のつき出し　写真は玉泉院丸側から撮影した表側で、裏側にはない出し（出窓）がある。石垣は金場取残し積み。

三十間長屋は宝暦の大火で焼失しましたが、再建はなぜか遅れ、焼失からおよそ100年後の安政5年（1858）、幕末の政情緊迫を背景に再建されることとなります。

陸軍の建物として転用されたり、火災で城内の多くの建物が焼失するなか、三十間長屋は現在までその姿を確実に残しています。幕末期から現存する金沢城の長屋遺構として、昭和32年（1957）に国の重要文化財に指定されました。

三十間長屋内部　特別公開のときのみ内部を見学することができる。

城内 10

前期金沢城の象徴、櫓群を有した「本丸」

本丸防御のため林立していた櫓

二十間長屋を背にして、本丸に向かいます。本丸の入口に「鉄門《くろがねもん》跡」があります。鉄門は本丸の正門で、現在は切石積みの石垣が残るのみです。

鉄門の石垣を通り過ぎてすぐの横道を左折（北東）し、奥まで進むと「戌亥《いぬい》櫓《やぐら》跡」です。本丸の北西角、「戌亥」の方角に位置することが「戌亥櫓」という名の由来です。建物の西面と北面に「出し」という出窓がついている二重の櫓でした。

本丸にはもともと天守と藩主が暮らす御殿があったため、防御のための二重櫓や二重塀が所狭しと建っていました。現在、本丸園地《ほんまるえんち》周辺で見られる櫓跡《やぐらあと》は戌亥櫓、辰巳《たつみ》櫓《やぐら》（70ページ）、丑寅櫓《うしとらやぐら》（72ページ）です。

鉄門石垣

戌亥櫓跡　金沢城内がよく見える位置にある。櫓台と石垣しか残っていない。

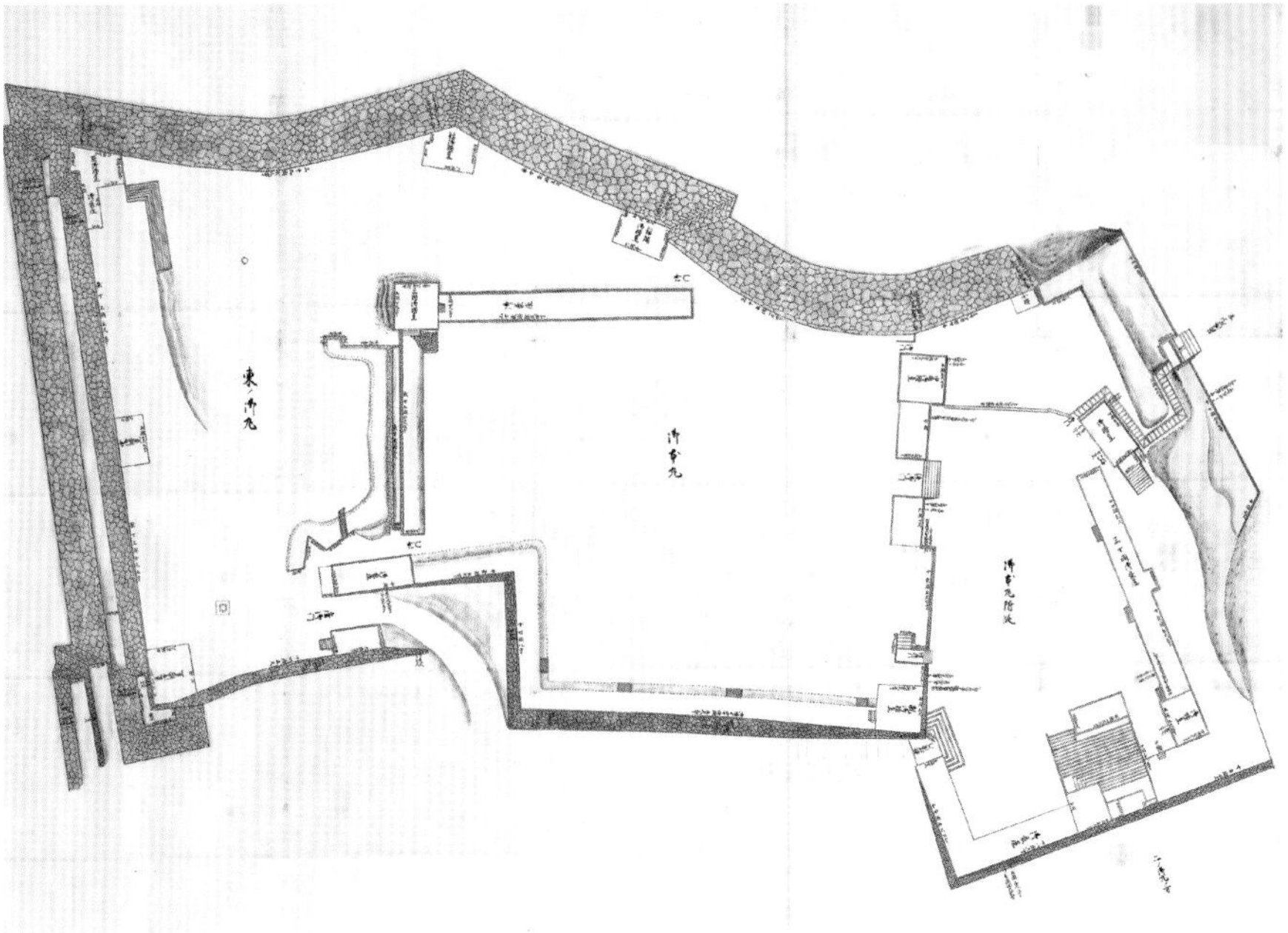

『金沢城中地割絵図』（部分）　現在遺構が残っている櫓は戌亥櫓、辰巳櫓、丑寅櫓だが、図には申酉櫓も描かれている。四隅に櫓が配置されていたことがわかる。（金沢市立玉川図書館蔵）

いずれも宝暦の大火で焼失したあと再建されることはなく、櫓台とその石垣が残っているのみです。このほかに申酉櫓《さるとりやぐら》があったとされていますが、申酉櫓については石垣も櫓台も残っていません。

落雷によって焼失した幻の「天守」

現在、本丸園地は鬱蒼とした森となっています。これは金沢大学が設置した植物園の遺産で、戦後になってから形成された緑地です。戦前はここで観光の博覧会が行われたこともあり、今よりも樹木の数は少なく、多様な使われ方をしていました。

今の本丸園地からは想像できませんが、藩政初期の本丸には藩主が住む御殿が建ち、藩政の中心地でした。また、前田利

本丸園地　かつて藩主の御殿があった場所。現在は木々が生い茂る森になっている。

家が城主になった3年後の天正14年（1586）頃、敦賀の豪商「高島屋」に天守を建てるための鉄材を運ばせたという手紙が残っているため、本丸には天守が存在したと考えられます。

翌年、東北の有力大名で南部家《なんぶけ》の家臣である北信愛《きたのぶちか》が、大坂城の豊臣秀吉《とよとみひでよし》を表敬する際に金沢城に立ち寄り、利家からもてなされたという記録があります。記録を読むと、できたばかりの天守の様子や、金沢城内の姿を少しだけ知ることができます。

天正20年／文禄元年（1592）、利家は朝鮮出兵のため京都に向かう前に、嫡男の利長《としなが》に本丸の高石垣をつくるように指示しており、天守をつくったあとの本丸外壁を高石垣で防衛しようと考えたのではないかとされています。

しかし、その天守は慶長7年（1602）の落雷で焼失してしまいます。手紙や人足が集められた記録などから、天守がつくられたことはわかっていますが、その正確な姿はわかっていません。

天守の代わりに建てられた「三階櫓」

いもり堀で出土した金箔の鯱瓦　大手町の前田長種屋敷でも金沢城内で使われていたと推定される金箔瓦が発見されており、初期の金沢城の屋根は金箔瓦で装飾されていたと考えられている。（石川県金沢城調査研究所提供）

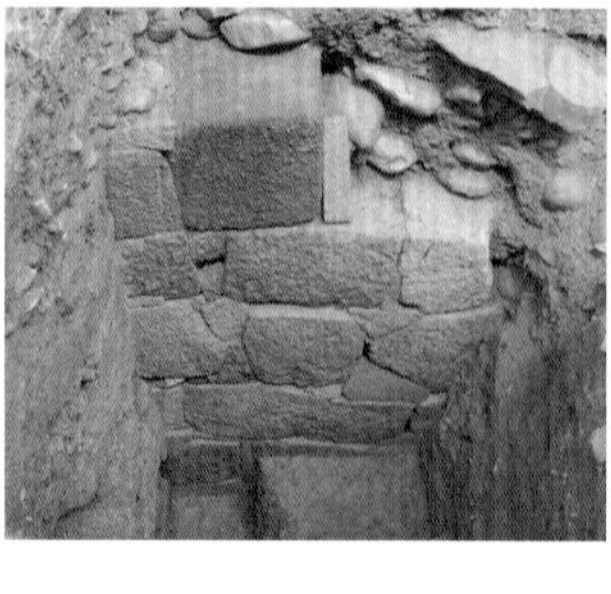

本丸で発掘された三階櫓台の石垣　三階櫓台の石垣が板状詰石を施工した5期石垣だったことが発掘調査で判明した。（石川県金沢城調査研究所提供）

天守が焼失したあと、天守は再建せず「三階櫓《さんかいやぐら》」という小ぶりの櫓が建てられました。当時の2代利長は自身の母親を徳川家への人質として差し出すなど、御家存続のために腐心していました。三階櫓を天守代わりとしたのは、徳川家から要らぬ疑いがかけられるのを避けるためだとされています。

3代利常《としつね》の時代の本丸には、先述した辰巳櫓など本丸の四隅に建てられた隅櫓以外にも、中櫓、大鎬櫓《おおしのぎやぐら》、小鎬櫓《こしのぎやぐら》などが林立していました。そのほか、本丸御殿や茶室、庭などがあり、城の中枢となる建物はすべて本丸に密集していました。

利常は大坂の陣（1614～15）のあと、本丸で大きな拡張工事を行い、庭園なども整備しました。元和6年（1620）の火災によって本丸御殿や櫓が焼失しましたが、幕府から許可を受けて手狭になっていた本丸を拡張します。御殿も再建しましたが、寛永8年（1631）の火災で、すべてが焼失してしまいます。以降、本丸の機能を二の丸に移すこととなります。

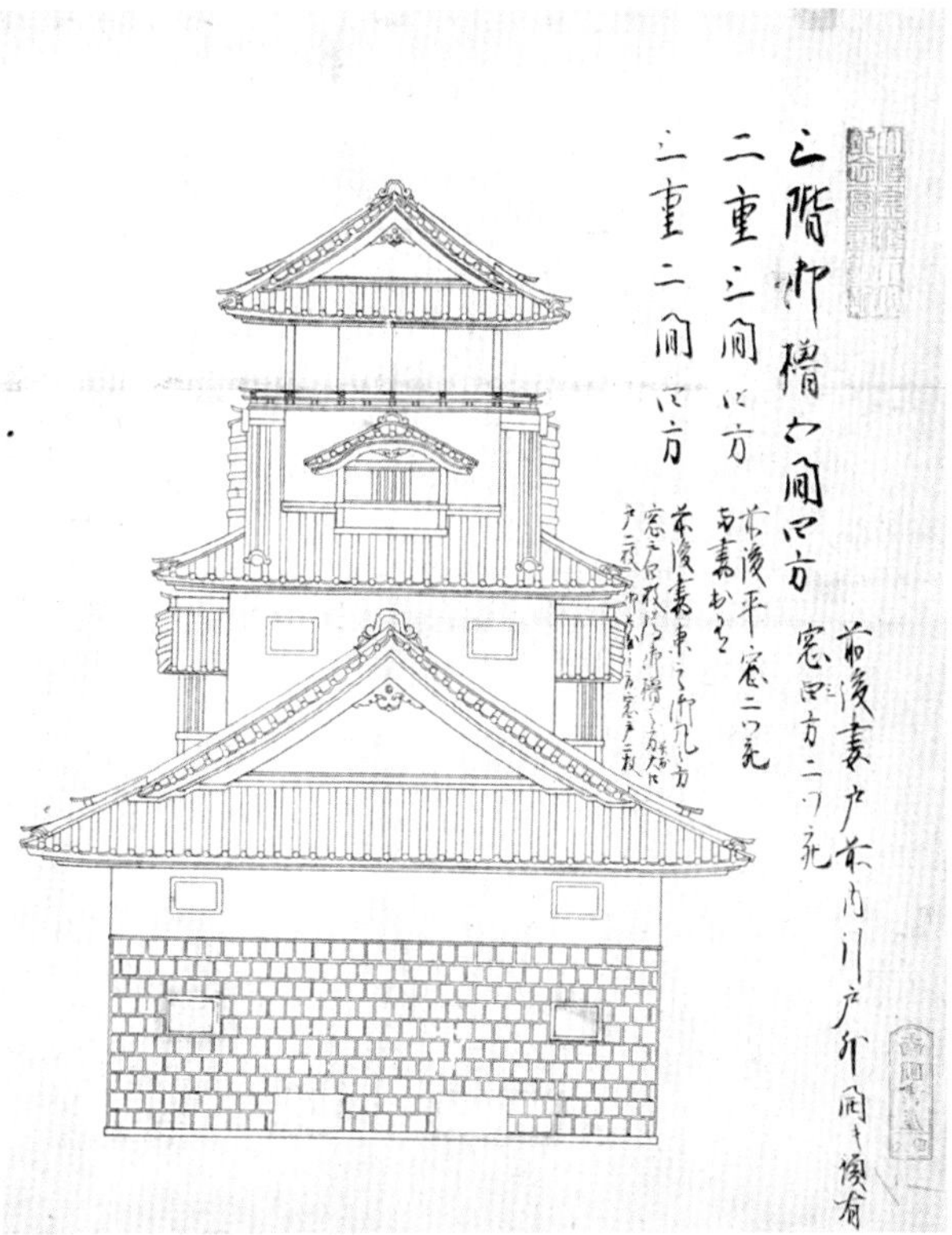

『金沢城三階御櫓之図』　現在3種類7点確認されている三階櫓図のうちの1つ。この絵図では利家の天守が焼失後につくられたと考えられている。（金沢市立玉川図書館蔵）

本丸の機能移転後も続いた厳重な管理

5代綱紀《つなのり》の頃には、二の丸御殿が藩主の住居となります。二の丸の拡張、整備が行われ、藩政の中心は本丸から二の丸へ移りましたが、本丸は城代に管理を任せました。役割は低下したものの、本丸は城の中心としての格式は保っていたと考えられます。

本丸の御屋敷・櫓群や正門である鉄門は10代重教の時代まで残っていましたが、宝暦の大火によりこれらの建物は焼失します。三階櫓などの再建計画はありましたが、なかなか計画は進まず、土蔵や三十間長屋以外は再建できないまま、明治維新に至ります。

城内 11

金沢市内を見下ろす城下町の道標「辰巳櫓」

城内随一の高石垣の上に建つ「隅櫓」

本丸園地内の道を南東へまっすぐ進みます。分かれ道を右（南東）へ進むと、突き当たりに「辰巳櫓《たつみやぐら》跡」があります。

辰巳櫓はかつての「東の丸」の南東、金沢城内で最も高い標高約60メートルに位置する隅櫓《すみやぐら》です。ここからは「いもり堀」や「鯉喉櫓台《りこうやぐらだい》石垣」、さらには金沢市内を見渡すことができます。

遮《さえぎ》るものがないため、城下町から見上げると、とても目立つ建物でした。犀川大橋《さいがわおおはし》を通る旅人や、野田寺《のだてら》町《まち》（現在の寺町）界隈《かいわい》を歩く参詣者《さんけいしゃ》からは辰巳櫓がよく見え、城下町の道標になっていたとされます。

金沢城公園の西側を通るお堀通りからこちらを見ると、辰巳櫓跡に続く「本丸南面の高石垣」を見ることができます。高石垣の創建は慶長後期で、自然面を残す粗割石を積んだ割石積みでつくられた石垣です。もともと高さ12間（約22メートル）以上ある城内随一の高石垣でしたが、明治40年（１９０７）頃に上部が取

辰巳櫓跡　本丸園地の南東にある跡地。櫓などは残っていないが、金沢市内の景色を見下ろすことができる。

いもり堀　金沢城の南西側を囲む外堀で、江戸時代には幅が広いところで約40メートル、深さが10メートル以上あった。

鯉喉櫓台石垣　寛文4年（1664）の修築時の遺構を残す、いもり堀の南東の端に築かれた石垣。江戸時代後期の加賀藩石垣技術者・後藤彦三郎は「城内随一の石垣」と賞賛した。

り壊され、高さを3分の1に切り下げるなどの改修が施されているため、創建当時の姿は下から2段目に残っています。

史料から想像される幻の再建計画

辰巳櫓の創建は、天正20年／文禄元年（1592）頃といわれます。慶長7年（1602）に本丸の天守が落雷で焼失した際、辰巳櫓の下にあった火薬庫に引火し、大爆発が起こったという記録があります。このとき、創建したばかりの辰巳櫓も焼失してしまったと考えられます。

火災の被害にあい、再建を繰り返していますが、寛永の大火（1631）後に再建された辰巳櫓は、いもり堀に面した櫓南面1階に千鳥破風と唐破風の出窓（出し）が並ぶ独特なものでした。異なる様式を並列させる珍しい意匠は、金沢城では辰巳櫓にしか見られません。

城での類例はありませんが、江戸初期の京都の寛永文化を代表する建築物「飛雲閣《ひうんかく》」に見ることができるため、辰巳櫓は京都で栄えた寛永文化の影響を受けたものと考えられています。しかし、元文元年（1736）の修築で、壁面は石川門と同じ白壁で二重2階の一般的な櫓に模様替えされました。

宝暦の大火（1759）で焼失したあとは再建されませんでしたが、辰巳櫓の再建計画のために作成された図面が発見されました。天保10年（1839）の計画図とされ、20分の1の精緻な図面です。本丸関連の下図も残っていたことから、本丸全体を再建する計画があったのではないかと想定しています。

本丸南面の高石垣 古写真　明治40年（1907）に辰巳櫓周辺で起きた石垣崩壊の様子。これに対する安全策として、本丸南面幅200メートルにも及ぶ石垣の高さを3分の1に切り下げた。（金沢大学付属図書館蔵）

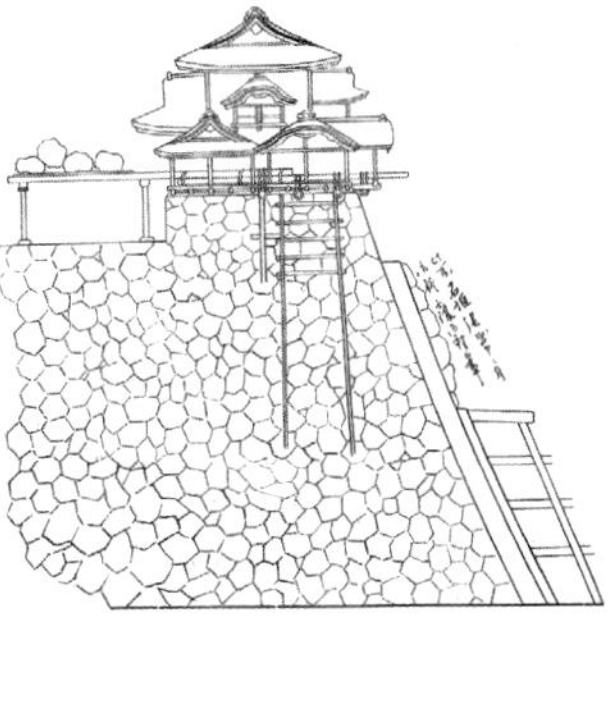

『辰巳御櫓台石垣御普請仕形足代等之図（「金沢御城櫓等之図」）』　寛永8年（1631）の寛永の大火後に再建された辰巳櫓の立面図。（金沢市立玉川図書館蔵）

城内 12

藩政期の姿を残す最大規模の土蔵「鶴丸倉庫」

意匠的にも優れた武具土蔵

　辰巳櫓から本丸園地を北に進み、最初の分かれ道を右（東）に折れると「丑寅櫓跡《うしとらやぐら》」があります。かつて「東の丸」の隅櫓があった場所で、本丸の中心から北東（丑寅）の方角にあったため「丑寅櫓」という名がつけられました。物見や本丸の防御のため建てられましたが、宝暦の大火で焼失しました。

　石川門のほうから左手に進むと、丑寅櫓跡の下にある「本丸（東の丸）北面石垣」を仰ぎ見ることができます。城内で最も古いとされる石垣で、石切場から採取した石をそのまま積み上げていく「野面積《のづらづ》み（自然石積み）」で築かれています。金沢城では最初期の石垣です。

丑寅櫓跡　櫓跡からは、河北門方面を見下ろすことができる。

本丸（東の丸）東面と北面の石垣（石川県金沢城調査研究所提供）

　来た道を分岐まで戻り右手（北）に進むと、「鶴丸倉庫《つるまるそうこ》（金沢城土蔵）」が見えてきます。鶴丸倉庫は、槍や鉄砲など、城内の武具を納めるための土蔵でした。切妻《きりづま》、桟瓦葺《さんがわらぶ》きの鞘《さや》屋根《やね》をもつ総2階建てで、幅12間（約22メートル）、奥行きは8間（約15メートル）に及び、日本全国でも最大規模の城郭内土蔵となっています。

　窓周りには漆喰で鳥居形の装飾がつけられています。妻面の最上部と平面の2階の窓以外は、脱着可能な板葺きの庇《ひさし》がつけられています。これらは金沢市内の土蔵にも見られる装飾です。そのほか、土蔵の外壁腰の石貼りや、金沢城内にあった大型土蔵特有の床下換気口など、意匠にこだわった外観が特徴的です。

金沢城内3つ目の重要文化財

鶴丸倉庫は東の丸付段《つけだん》にある土蔵です。また、宝暦の大火以前は、2棟の土蔵が東の丸付段に並んでいたことが絵図に示されていました。宝暦の大火後の再建については不明ですが、江戸後期の絵図では大型の土蔵1棟になっていました。

　しかし、その絵図の土蔵と現存の鶴丸倉庫の平面図が大きく異なるため、現存の鶴丸倉庫の創建時期は不明確でした。ところが、嘉永3年（1850）の『御《お》城分間《しろぶんけん》御絵図《おえず》』に現存の鶴丸倉庫と同じ幅12間、奥行き8間の土蔵が描かれていることが確認され、絵図や古文書を分析した結果、嘉永元年（1848）に建てられたとわかりました。

　現存の鶴丸倉庫は明治期の築造と考えられていましたが、近年の調査・研究により、藩政期からの数少ない建造物だと判明しました。また、「鶴丸」という名称も明治以後の誤解による俗称です。平成20年（2008）には、国の重要文化財に指定されました。

鶴丸倉庫　時間帯によっては倉庫内を見学することができる。

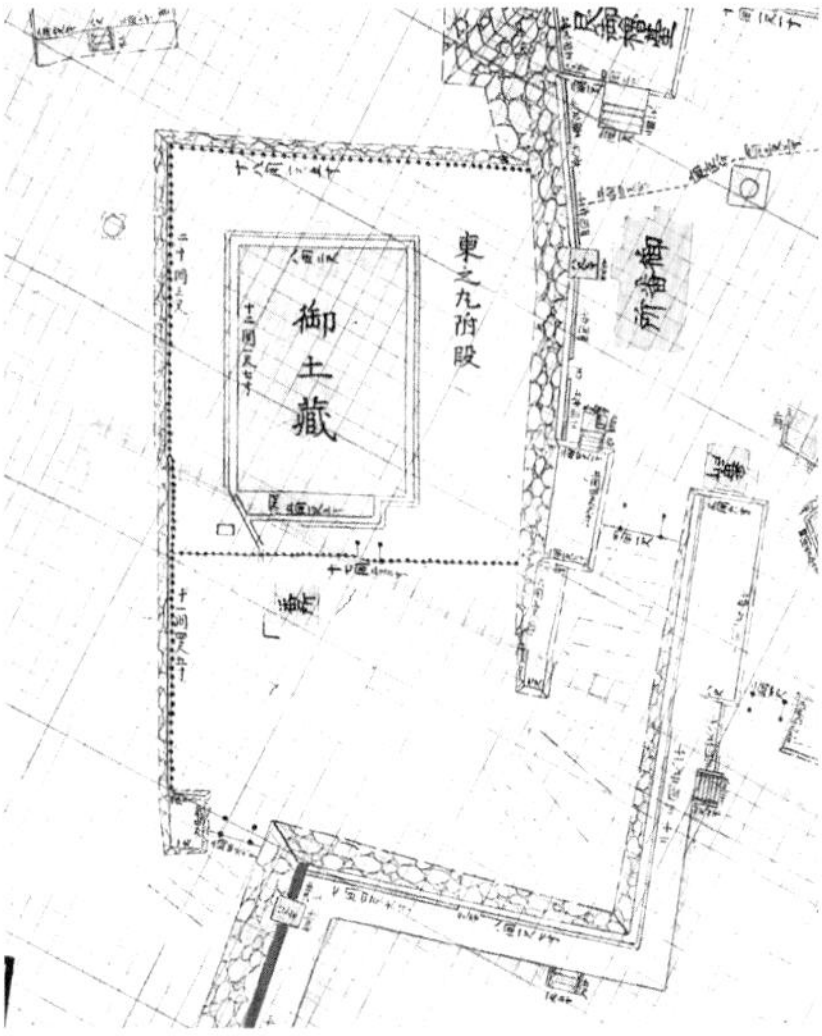

『御城分間御絵図』（部分）　嘉永3年（1850）に描かれた絵図。現存の鶴丸倉庫と同一サイズの土蔵が描かれていたことから、現存の鶴丸倉庫の築造が藩政期だとわかった。（前田育徳会蔵）

金沢城・兼六園の南は金沢屈指の文化ゾーン

金沢城、そして兼六園の南側には、美術館やホールなどさまざまな文化施設が集まっている。美術品や工芸品の展覧会だけでなく、近代建築を鑑賞できる区域だ。

金沢21世紀美術館

地域の伝統工芸から現代美術まで「金沢21世紀美術館」

金沢きっての人気スポットといえば、「金沢21世紀美術館」でしょう。平成16年（2004）にオープンした現代アートの美術館で、ベネチア・ビエンナーレ国際建築展展示部門で「金獅子賞」を受賞した建築家ユニットSANAAが建築デザインを手がけたことでも有名です。

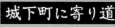

金沢21世紀美術館は、金沢城の南側、兼六園の南西側にあります。「まちに活き、市民とつくる、参画交流型の美術館」というフレーズがコンセプトの1つに掲げられているとおり、まさに街に開かれた美術館で、館内には展示を鑑賞する展覧会ゾーンだけでなく、人々が思い思いの時間を過ごせる無料の交流ゾーンも設けられています。

常設の恒久展示作品は同館の魅力の1つです。とくに人気なのが、アルゼンチン在住のレアンドロ・エルリッヒによる「スイミング・プール」で、人々は地面に設置されたプールを上から眺めるだけでなく、プールの内部に実際に入ることができます。プールを上から眺める人と、プールの中からそれを見上げる人の関わり合いも含めた、楽しいアート作品です。

また、敷地内には加賀藩ゆかりの茶室「松涛庵《しょうとうあん》」「山宇亭・腰掛待合」があります。「松涛庵」は13代藩主前田斉泰《なりやす》によってつくられたもので、当時は天井や柱が紅殻《べんがら》塗りだったそうです。昭和に入って16代当主利《とし》為《なり》によって数奇屋風に改められました。江戸時代を思わせるこの茶室は、常時無料で公開されています（茶会時を除く）。

加賀藩ゆかりの工芸品や近代美術品を所蔵する「石川県立美術館」

金沢21世紀美術館から兼六園の右手の坂道を歩いていくと「石川県立美術館」があります。昭和34年（1959）に設立された当時は「石川県美術館」といい、兼六園との調和を重んじた、谷口吉郎設計の建物でした。

昭和58年（1983）に現在地に移転した際、京都や石川県内で多くの建築を手がけた富家《とみいえ》宏泰《ひろやす》により現在の建物が建てられ、翌年に、旧館はいしかわ生活工芸ミュージアム（石川県立伝統産業工芸館）となりました。

石川県立美術館

現在の石川県立美術館には古九谷の名品や加賀藩前田家に伝わる宝物をはじめ、石川県にまつわるさまざまな作品を所蔵しています。また、エントランスホールには石川県出身のパティシエ・辻口博啓《ひろのぶ》プロデュースのカフェ「ル ミュゼ ドゥ アッシュ KANAZAWA」があり、地元の食材を用いたスイーツを楽しむこともできます。

旧陸軍施設を利用した「石川県立歴史博物館」

石川県立美術館と美術の小径を隔てて建つのが「国立工芸館」です。令和2年（2020）に、皇居のほとりの北の丸から移転・開館しました。印象的なのはその外観で、かつての陸軍施設「旧陸軍第九師団司令部庁舎」と「旧陸軍金沢偕行社《かいこうしゃ》」を移築し、再活用しています。陶器や漆工、染色、金工など、全国に伝わる数々の工芸品や、人間国宝の作品も多数所蔵し、日本海側初の国立の展示施設です。国立工芸館では、展覧会事業と並行して、調査・研究事業にも精力的です。それらの成果を分野ごとにまとめて発行している『工芸館名品集シリーズ』は、館内のミュージアムショップで購入することができます。

国立工芸館

国立工芸館のすぐ隣は、「いしかわ赤レンガミュージアム」と呼ばれる「石川県立歴史博物館」です。3棟ある建物は、かつての陸軍兵器庫で、金沢美術工芸大学として使われた時代もありました。昭和43年（1968）に金沢市広坂に開館した石川県立郷土資料館が、昭和61年（1986）に本多の森公園に移転し、現在の石川県立歴史博物館として開館しました。赤レンガの建物3棟は、平成2年（1990）に国の重要文化財に指定されています。

石川県立歴史博物館

特筆すべきはその所蔵品の多さで、約17万点余の考古資料や民俗資料などが所蔵されています。館内では、石川の原始から近代までの象徴的な題材を軸にした歴史展示と、祭り文化を紹介する民俗展示が常設展として見られるだけでなく、企画に合わせた特別展なども行っています。

金沢が生んだ偉大な哲学者・鈴木大拙やそのほか多くの偉人の世界観を知る

「ZEN（禅）」を世界に広めたとされる仏教哲学者・鈴木大拙《だいせつ》は、金沢市下本多町の生まれです。大拙の足跡を追い、その思想に触れることができる「鈴木大拙館」もこの区域にあります。

鈴木大拙館

3棟の建物と3つの庭で構成されており、それらをゆっくり回遊することで、大拙の世界観を理解できるよう構成されています。とくに思索空間棟を包むように配された「水鏡の庭」は、数秒間に一度波紋が浮かび上がる仕掛けになっており、眺めていると内面が研ぎすまされるように感じます。

この鈴木大拙を含む、金沢が生んだ世界に誇れる偉人たちの業績を紹介しているのが「金沢ふるさと偉人館」です。平成5年（1993）に鈴木大拙、天文学者の木村栄、化学者の高峰譲吉、国文学者の藤岡作太郎、言論人の三宅雪嶺の5人について展示し、開館しました。その後、さまざまな分野で活躍した金沢ゆかりの偉人たちを加え、常設展で紹介しているほか、企画展や講演会なども開催されています。

また、金沢は加賀藩前田家の祖である前田利家が千利休の薫陶《くんとう》を受けたことから、茶の湯が盛んな街でもあります。明治から昭和にかけての実業家であり、茶人でもあった中村栄俊自身が収集した美術品を寄贈して設立されたのが「金沢市立中村記念美術館」です。館内には重要文化財に指定されている美術品もあり、企画展などで見ることができます。また、旧中村邸を利用した音楽イベントなども行われています。

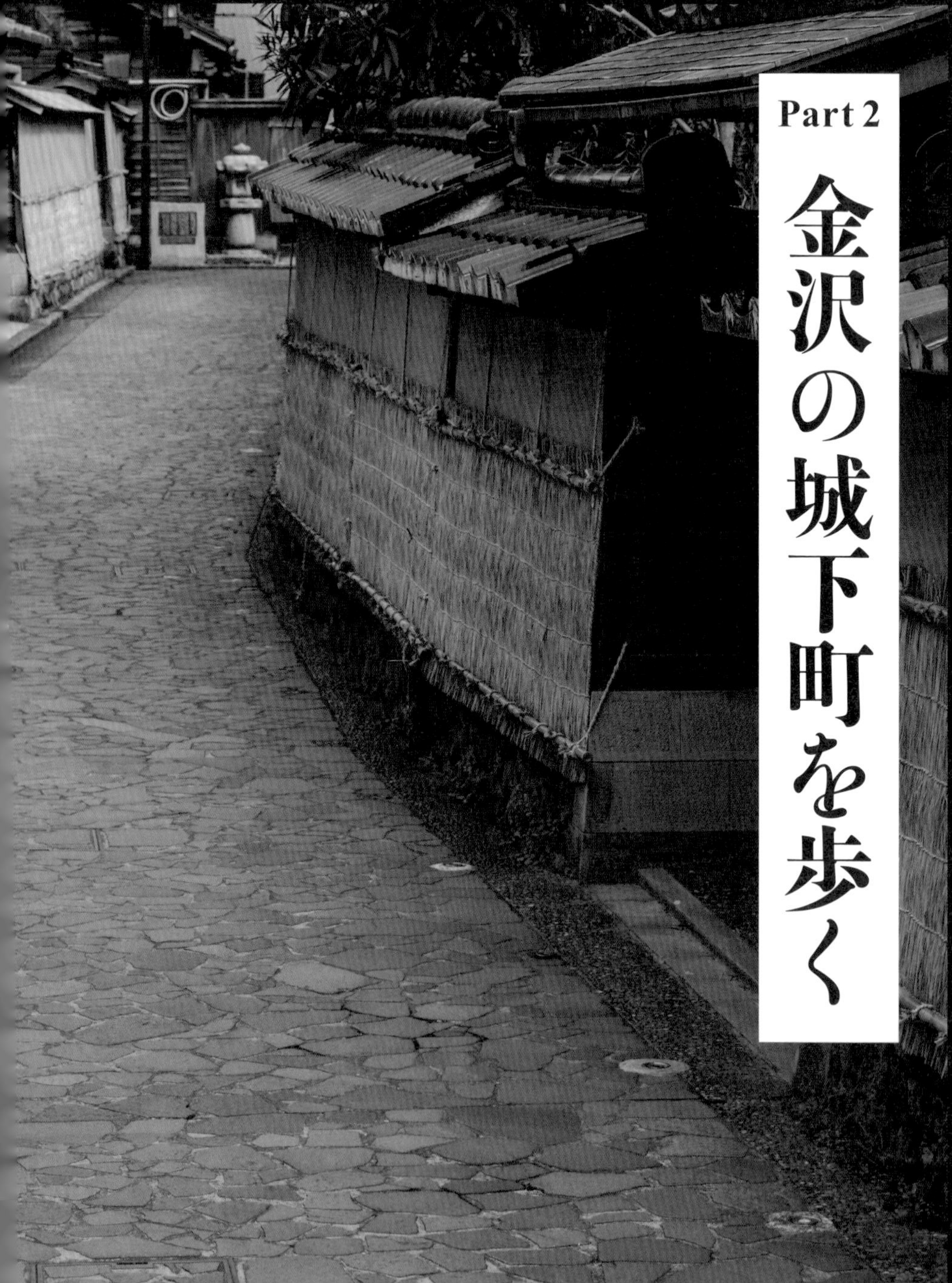

Part 2
金沢の城下町を歩く

長町武家屋敷。冬のこも掛けの様子

城下町地図

金沢の城下町は5代藩主綱紀の頃にほぼ現在の姿が完成した。渦巻状に2重の惣構をもち、武家地の占める割合が高い点が特徴的だ。中央付近から外側に向かい、惣構と高低差に注目しながら歩き、加賀藩の土地利用の方針についても探っていく。

本願寺
金沢別院
（西別院）
真宗大谷派
金沢別院
（東別院）
浅野川
金沢駅
西別院・
東別院
➡114ページ
主計町・
ひがし茶屋街
➡100ページ
尾張町
大手町
尾張町・
大手町
➡94ページ
大野庄用水
金沢城
尾山神社
鞍月用水
犀川
香林坊
➡118ページ
香林坊橋
兼六園
城南荘（旧横山邸）
寺町寺院群
➡124ページ
にし茶屋街
本多町・
犀川
➡88ページ
N
北陸鉄道石川線
野町駅
500m
200m

城下 1

加賀八家が堅守する「兼六園周辺」

「本多の森公園」は本多家上屋敷跡

現在の兼六園の周辺には、石川県と関わりの深い文化財や美術品・工芸品を集めた博物館・美術館が集まっています。兼六園一帯は城からも近く、金沢の城下町の中心部です。

現在は博物館や美術館などが並ぶ文教地区として人気を集めていますが、じっくりと見ていくと、土塀や門などの遺構を見つけることもできます。

ここでは「石川県立美術館」から歩いていきます。同館には加賀藩主前田家伝来の文化財から、石川県ゆかりの作家の美術・工芸品まで、幅広く展示されています。

この一帯は「本多の森公園」として整備され、その面積は7万1000平方メートルにも及びます。「本多の森」という名前は加賀藩前田家の知行取《ちぎょうどり》家臣《かしん》1300人の筆頭である、本多家（本多安房守家《あわのかみけ》）の屋敷があったことによります。本多家は江戸時代を通じて前田家から筆頭家老として重用されました。

加賀の本多家は、5万石の高禄を得た重臣・本多政重（徳川家重臣・本多正信の次男）に始まります。加賀藩2代藩主前田利長により、徳川将軍家との関係強化も考え、3代藩主利常《としつね》の補佐役として召し抱えられ

上は本多(安房守)家上屋敷門跡、下は塀跡。

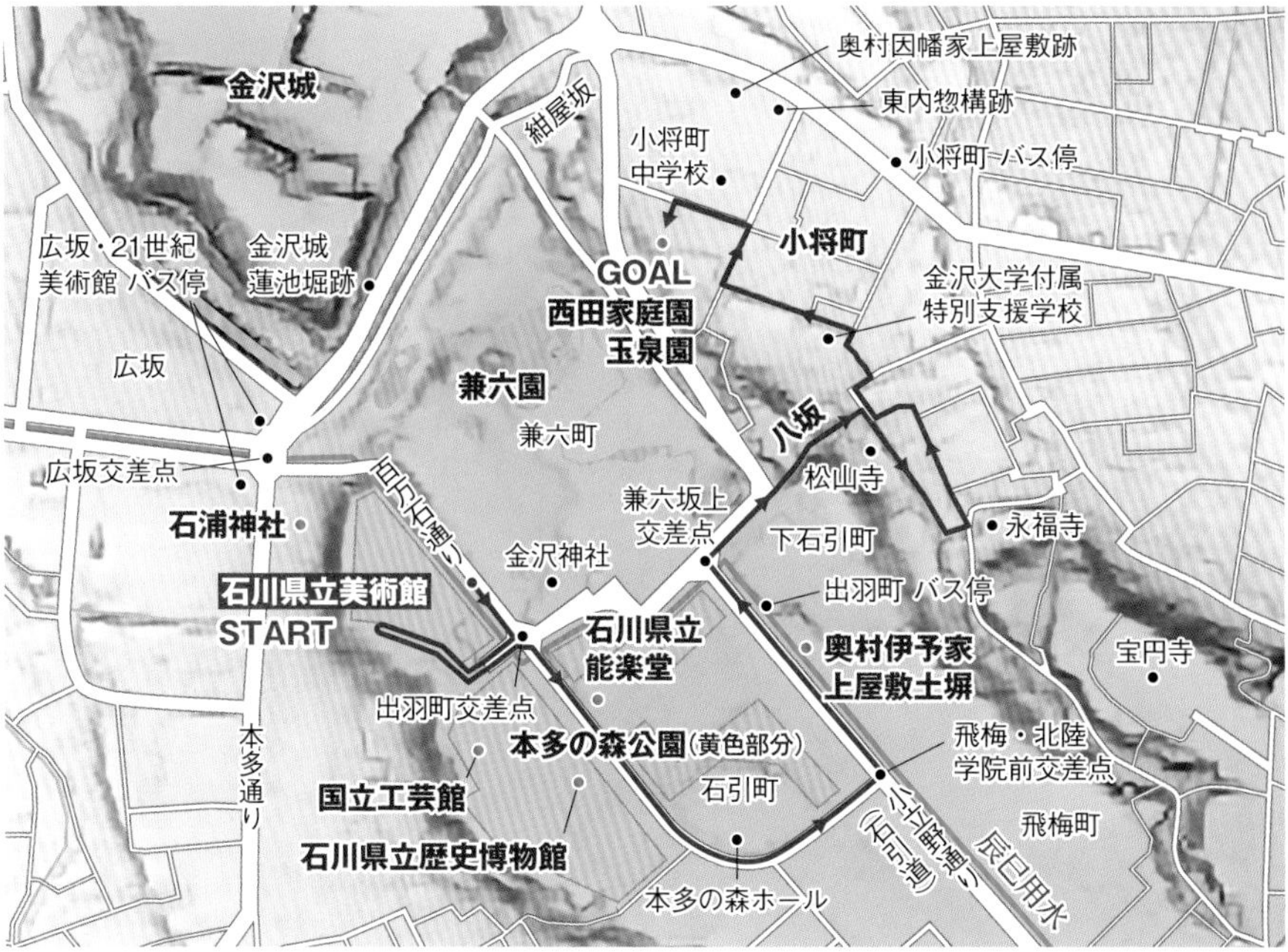

ました。本多家当主は、大坂の陣（1614～15）のあと横山家3万石などと並び、明治維新まで加賀藩の年寄《としより》役の代表として活躍しました。

石川県立美術館の背後に回ると、「歴史の小径」という散歩道があり、石垣が確認できます。これらは、初代政重が拝領した上屋敷の重要な遺構です。政重邸になる前は、利長の家臣になっていた高山右近邸があったという記録もあります。本多家当主の上屋敷は3万3000平方メートル以上を有しており、現在の本多の森公園の約半分は本多家上屋敷だったのです。一帯は安房殿町とも呼ばれました。

また、先に名前をあげた本多家と並ぶ重臣・横山家の上屋敷は、百万石通り

『延宝金沢図』（部分）　5代綱紀が治めた延宝年間（1673～81）につくられた実測図。現在の兼六園周辺を抜粋。（石川県立図書館蔵）

石川県立歴史博物館　博物館の建物は、戦前は陸軍の兵器庫、戦後は金沢美術工芸大学校舎として使われていた。●北陸鉄道バス「出羽町」「広坂・21世紀美術館」バス停より／金沢市出羽町3-1

国立工芸館　旧陸軍第九師団司令部庁舎と旧陸軍金沢偕行社を移築・整備した建物が使われている。●北陸鉄道バス「出羽町」「広坂・21世紀美術館」バス停より／金沢市出羽町3-2

を挟んだ真向かい、つまり現在の兼六園の金沢神社・金城霊沢付近にありました。元禄9年（1696）に5代綱紀がこの一画を火除地《ひよけち》としたことで、現在の横山町に移っています。

　じつはこの2家以外にも、小立野台地上には上級武家屋敷がありました。まず、石川県立美術館から八坂方面の上級武家屋敷、またそこに付随して生まれた最初期の寺院群の様子を見ていきます。石川県立美術館の隣、「国立工芸館」も本多屋敷の一部であり、その広大さが実感できます。

　国立工芸館の東側にある「石川県立歴史博物館」は、前田家の重臣・篠原家の旧邸があった場所に建っており、歴史博物館の中には、「加賀本多博物館」があります。篠原一孝は、2代利長が利家から任せられた本丸高石垣の造成を行った人物です。篠原一孝は藩政初期には石垣巧者として重用されました。なお、歴史博物館周辺は出羽町といいますが、これは篠原一孝が出羽守だったことにちなみます。

　本多の森公園が、このように美術館や工芸館、博物館が並ぶ金沢屈指の文教地区となったのは、重臣屋敷が城を取り囲むように配置されていたためです。アプリ「古今金沢」などを使って、江戸時代の古地図と現代地図を見比べてみると、重臣屋敷が金沢城を取り囲んでいて、その場所が美術館などの公共性の高い施設になっていることがわかります。

「石引道」は金沢城へ石を運んだ道筋

石川県立歴史博物館の向かい側に石川県立能楽堂の

建物が見えます。昭和47年（1972）に全国初の公立の能楽堂として開館して以来、能や狂言が上演されてきました。南東方向に道なりに進むと、黒川紀章が設計した野球場の形の「本多の森ホール」が現れます。道路は本多の森ホール沿いに左に大きく曲がると飛《とび》梅《うめ》・北陸学院前の交差点に突き当たり、ここを左折（北西）し兼六園側に戻ります。

　この本多の森ホール辺りの町名は「石引《いしびき》」です。豊臣時代後半から、金沢城の石垣は戸室山から切り出した石材を積み上げてできています。この石材を運ぶために使われた約12キロの道のりが「石引道《いしびきみち》」と呼ばれました。天徳院《てんとくいん》辺りからは一直線に兼六園へと続いており、現在の小立野《こだつの》通り（石引通り）はおおよそこの石引道を継承しています。小立野地区で行われる「御《お》山《やま》まつり」では、当時の石を運ぶ様子が再現されています。

奥村宗家の「土塀」が現存

　飛梅・北陸学院前の交差点を左折（北西）したとき石引通りの右側は「飛梅町」です。飛梅町には、重臣の前田家（前田対馬家《つしまけ》）の下屋敷がありました。この町名は、同家の家紋である角《かく》の内梅輪《うちばいりん》にちなみます。前田対馬家の祖である長種《ながたね》は、利長・利常に重用され財務に精通した内政の要でした。

　右手（北東側）に続く土塀は、重臣加賀八家の1つである奥村宗家（奥村伊予家《いよけ》）上屋敷の土塀です。国立病院機構金沢医療センター前に建つこの土塀は、兼六園の付近まで続き、総延長は267メートルに及びます。

　加賀八家とは、元禄年間に定まった前田家の筆頭家老（年寄衆）八家の通称です。5代綱紀の江戸屋敷に将軍が訪問し

奥村伊予家上屋敷土塀　塀の築造は元禄年間（1688～1704）と推定される。塀の脇を流れるのは辰巳用水、その前を走るのが小立野通り。

た頃、前田家の重臣4人に叙爵《じょしゃく》の栄誉が与えられることが確定しました。以降、叙爵の栄誉は8つの重臣（年寄衆）の家で独占されたため、この名称が定着しました。

また、土塀脇には金沢城と兼六園に注ぐ「辰巳《たつみ》用水」が流れ、金沢の歴史的景観を形成しています。辰巳用水は犀川上流の上辰巳から取水し、隧道《ずいどう》（トンネル）や開渠《かいきょ》を用いて小立野台地を流れ、金沢城へ流入する約11キロの用水路です。寛永9年（1632）に完成したと伝わる国内有数の歴史ある用水でありながら、その水は現在も兼六園内を潤しています。

城防備の惣構堀が残る「小将町」

小立野通りは兼六園手前の兼六坂上交差点で百万石通りとぶつかります。右折（北東）して百万石通りに入ると、道はすぐに左に大きく曲がって下っていきますが、この曲がり角で大通りから分かれ「八坂《はっさか》」と呼ばれる細い坂道に直進します。

城下町金沢の特徴の1つに、慶長4年（1599）末から慶長6年（1601）にかけて築かれた二重にめぐる惣構《そうがまえ》が挙げられます。このうち東の外惣構堀は八坂辺りから始まり、材木町を経て浅野川まで到達していました。八坂付近は江戸時代は外惣構の一部でした。この急坂を下ることで、金沢城の防衛線を体感することができます。

八坂　付近に8つの坂があったことが名の由来だとされる。そのうち1つだけが残ったが、八坂の名前は受け継がれた。観月の名所としても知られる。

江戸時代、八坂下には松山寺《しょうざんじ》の山門、その上段に宝幢寺《ほうどうじ》という前田家ゆかりの祈祷寺がありました。現在も松山寺をはじめ、鶴林寺、雲龍寺、永福寺など曹洞宗寺院が並んでいるので、一周してみます。いずれも前田家の上級武士層の菩提寺で、慶長年間（１５９６～１６１５）にはこの場所に集まっていました。城からも近い、金沢最初期の小寺院群です。永福寺から右手（南側）に向かえば前田家の菩提寺《ぼだいじ》である宝円寺（１３３ページ）もあります。

西田家庭園玉泉園
17世紀中頃に脇田直賢が作庭を始め、4代100年をかけて完成させた。明治38年(1905)より西田家の所有。(金沢市提供)。●北陸鉄道バス「兼六園下・金沢城」バス停より／金沢市小将町8-3

　ここでは八坂下の松山寺に戻り兼六園側（北西）へ進みます。八坂北側の「小《こ》将町《しょうまち》」という町名は、加賀藩では小姓《こしょう》を「小将」と書いたことに由来します。江戸時代、藩主の身辺の世話や護衛をする小姓の屋敷がこの辺りに集中していました。

　金沢大学付属特別支援学校沿いに進み、突き当たりで右折（北）すると小将町中学校の角に着きます。「旧東内惣構堀」と記された石碑もあります。この小将町中学校グラウンドは、加賀八家の１つだった支流の奥村家（奥村因幡《いなば》家《け》）の上屋敷跡です。内惣構の東端に位置しており、江戸時代の地図を見ると城下の東を防御する大きな構《かまえ》であったことがわかります。

　小将町中学校の南側にこのコースの終点となる「西田家庭園玉泉園《ぎょくせんえん》」があります。兼六園より古い歴史をもつ庭園です。金沢町奉行を務めた脇田直賢《わきたなおかた》が作庭を計画しました。脇田直賢は秀吉の朝鮮出兵で連行された朝鮮人の捕虜でしたが、宇喜多秀家から、利長の正室に預け育てられたのち、加賀藩士に抜てきされ、立身します。明治に西田家が庭園を受け継ぎ、２代藩主利長の正室玉泉院にちなんで現在の園名となりました。

　このように兼六園の周辺には、加賀藩重臣ゆかりの遺構が多く残ります。これらをめぐることで、城下町金沢の都市構造と、二重の惣構を生かした防衛戦略に触れることができるはずです。

「本多町」から「犀川」へ城下町の拡大を体感する

金沢21世紀美術館に残る「西外惣構」

金沢城の南側は、「金沢21世紀美術館」に代表される、芸術・文化の拠点です。ここを出発点に、本多町という陪臣たちの武家町や下級武士たちの住んでいた町並みを通り、犀川べりの犀星のみちまで抜けていきます。金沢独特の迷路のような町並みを体感できるはずです。

金沢21世紀美術館の南西、「宮内橋」から歩いていきます。宮内橋に立つと、周囲に外堀が保存されていることに気づきます。これは慶長5年（1600）頃築造された二重の惣構の一部です。宮内橋西側には2メートルほどの土居が保存されており、かつて金沢城を取り囲んだ惣構の様相を想像することができます。

なお、西外惣構は、現在では一部が鞍月用水となっています。江戸時代中頃から惣構の堀は一部が生活用水として使われていたようです。

宮内橋の東側を見ると、21世紀美術館の南端をまっすぐに堀（用水）が延びています。その右手（南）に

『延宝金沢図』（部分）　金沢城の南側を抜粋。（石川県立図書館蔵）

西外惣構跡　もともとの幅は10メートル以上だったが、現在は4メートルほど。

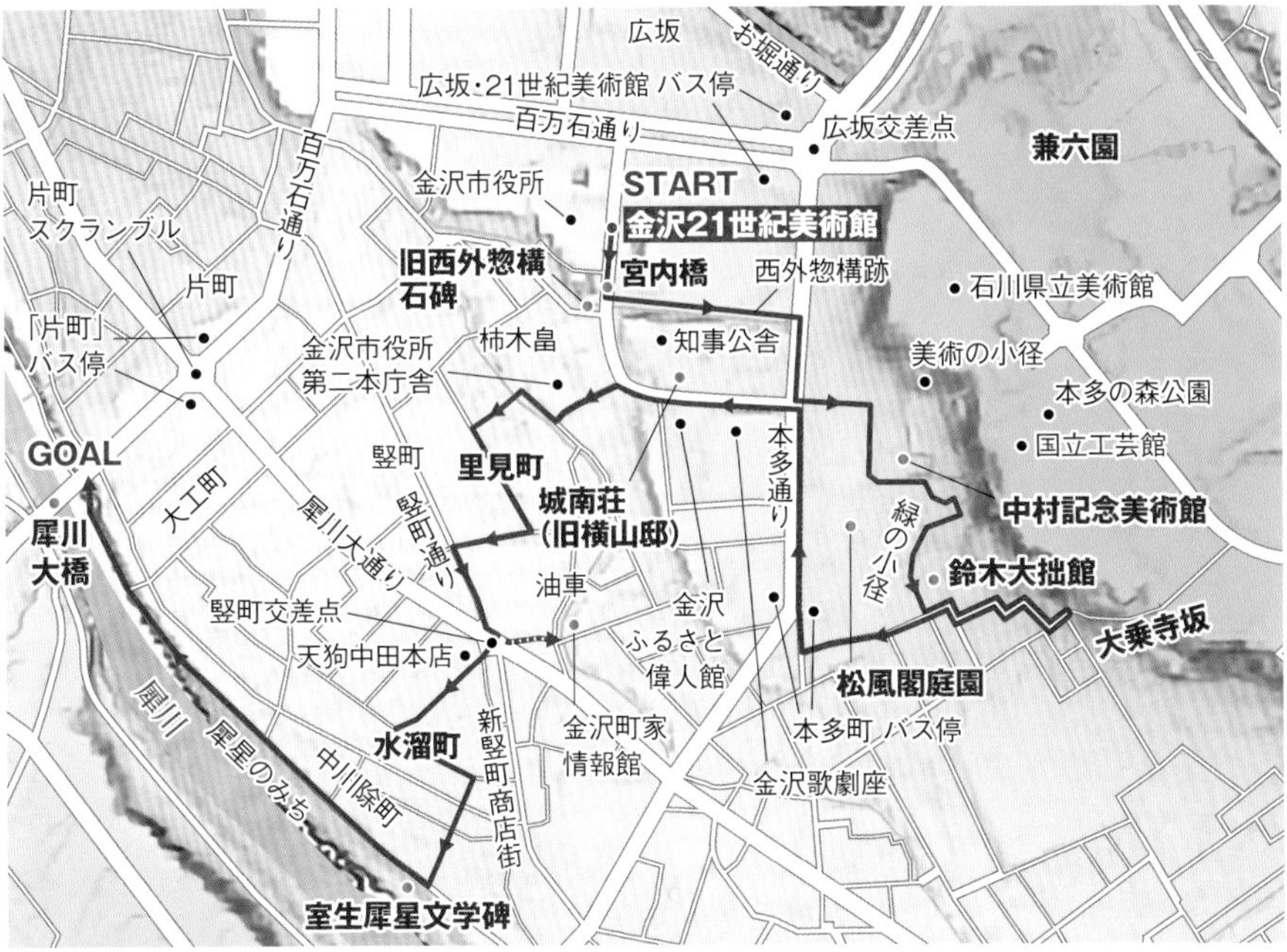

は昭和元年（１９２６）に建てられた横山家の洋館を再利用した、石川県知事公舎があります。幕末には西洋砲術や蘭学・化学などを学ぶ藩校「壮猶館《そうゆうかん》」があった区域で、その頃の土塀が一部残っています。金沢21世紀美術館は、平成16年（２００４）の開館以来、国内外から多くの観光客が訪れる、金沢屈指の人気施設です。その敷地も、もとは江戸時代の武家地です。

21世紀美術館の建築が始まる前、平成９年（１９９７）から埋蔵文化財調査が行われました。この広坂遺跡からは、武家屋敷の土台や惣構の土居跡などが見つかり、江戸時代の絵図の姿に近い形で、武家屋敷が並んでいたことが確認されました。

金沢21世紀美術館　日本を代表する現代アート美術館の1つ。設計はルーブル美術館の分館「ルーブル・ランス」などで知られる建築家ユニットSANAA（妹島和世＋西沢立衛）。●北陸鉄道バス「広坂・21世紀美術館」バス停より／金沢市広坂1-2-1

本多家上屋敷を仰ぎ見る「本多町」

宮内橋から惣構沿いに東へ進むと本多通りに行き当たります。この界隈には芸術・文化関連施設が多く、本多通りを南へ進み、十字路を左（東）に入って道なりに歩くと、茶道具や近世絵画、古九谷など約１０００点の美術・工芸品を所蔵する金沢市立中村記念美術館（77ページ）があります。近隣には金沢出身の仏教哲学者、鈴木大拙《だいせつ》の足跡をたどる鈴木大拙館（77ページ）があります。中村記念美術館と鈴木大拙館とは「緑の小径《こみち》」でつながっています。鈴木大拙は本多町の本多家陪臣の家の生まれです。

鈴木大拙館に隣接する「松風閣《しょうふうかく》庭園」は本多家の中屋敷に付属する庭園です。本多家上屋敷は、城が火災になった際など藩主御殿の代わりになったので、そうした場合に本多家の当主は中屋敷で生活したようです。庭園の池の畔《ほとり》に建つ「松風閣」は、本多家上屋敷から移築された江戸後期の建物です。本多家分家の長屋門も残っています。

また、鈴木大拙館の東方向にある大乗寺《だいじょうじ》坂は、江戸初期まで近辺に大乗寺という本多家の菩提寺があったことに由来します。大乗寺は広い土地を求めて元禄10年（１６９７）に郊外の長坂村の寺地山付近に移転しました。

中村記念美術館の裏手にある「美術の小径」は、西外物構の始点にあたり、本多の森公園とつながっていて、坂道を上ると先に紹介した石川県立美術館や国立

広坂遺跡　現在、金沢21世紀美術館が建つ場所（金沢大学付属小中学校跡）の発掘調査で見つかった土塁周辺の遺構。（金沢市埋蔵文化財センター提供）

美術の小径　家中町が広がっていた本多町辺りと、小立野台地の高低差が顕著に感じられる。（金沢市提供）

工芸館に続きます。本多家の上屋敷が建っていた本多の森公園は、小立野台地の先端に位置しており、中村記念美術館や鈴木大拙館側からは仰ぎ見るような立地になっています。本多町一帯には、江戸時代には本多家の家臣団の屋敷（下屋敷）が並ぶ、家中町《かちゅうまち》が広がっていました。金沢の城下町の中に本多家の小城下があるような構造になっていたわけです。

鈴木大拙館から西に本多通りへ戻り、北へ２００メートルほど進んで十字路を左折（西）すると、右手（北）に土塀が見えてきます。これは「城南荘《じょうなんそう》（旧横山邸）」の土塀です。住宅と土蔵は、明治時代に建てられた近代和風建築の遺構として石川県指定有形文化財に指定されています。

城南荘は、本多家の分家の１つが屋敷を構えていた場所に建っています。明治維新以降空き地となっていましたが、加賀八家の１つだった横山家が明治に入って財を成し、明治27年（１８９４）にこの邸宅をつくりました。

城南荘　住宅と土蔵は、明治時代に建てられた近代和風建築の遺構として石川県指定有形文化財に指定されている。●北陸鉄道バス「広坂・21世紀美術館」バス停より／金沢市広坂1-8

藩政時代の町割りが残る「里見町」

金沢市役所第二本庁舎に沿って南西の方向へ進み、小さな橋を渡ると「里見町《さとみちょう》」の町並みに入ります。この町名は、金沢町奉行などを務めた里見家の屋敷があったことに由来します。

里見町は、藩政期の道路や武家町の町並みなど城下町の町割りを残す貴重な地域として、金沢市の「こまちなみ保存区域」に指定されています。加賀藩は寛永8年（１６３１）と同12年（１６３５）の二度にわたる大火を機に、城下の町割り（町の区画）を大幅に変更しました。

　里見町では、この時期に完成した町割りが維持され、今日に至っています。現在でも里見町を歩くと、民家を囲む土塀や前庭、母屋の大屋根など、藩政期の武士が暮らした町の面影を見ることができます。

　里見町界隈で歴史の風情を感じつつ南東方向へ進み、突き当たりを右折（西）すると、「竪町《たてまち》通り」に出ます。現在は若者向けの店が並ぶ通りとなっていますが、江戸時代初めに町地となるまでは犀川の河原（中洲）だったようです。

金沢市役所第二本庁舎南側の橋を渡ると里見町。江戸時代にはこの場所に橋はなく、大きく回らなければ堀を越えられなかった。

里見町の町並み

　竪町通りをさらに南東に進むと犀川大通りに出ます。この竪町交差点は非常に複雑で、道が六股に分かれていて、東に延びる小路に入ると「油車《あぶらぐるま》」に出ます。藩政初期、油屋与助という人物が、この場所に油を搾《しぼ》るための水車をつくったことにちなむ地名だと伝わっています。鞍月用水に架かる橋を渡った辺りに、「金沢町家情報館」が建ちます。金沢には江戸時代の町家がかなりの数残っているので、一度立ち寄って予備知識を得ておくと、理解が深まります。竪町通りから正面に延びるのは、昔懐かしい雰囲気の「新竪町商店街」です。

「水溜町」付近の迷路を抜けて犀川へ

　新竪町商店街を歩くのもよいですが、ここでは犀川大通りを渡り、南西方向の小路を進みます。天狗中田本店という、金沢では広く知られた精肉店の前を通る道です。大変わかりにくい道ですが、江戸時代の地図を見ると、犀川大通りは存在せず、この道が本来の町筋の道だったことがわかります。

周辺は「水溜町《みずためまち》」という地名で、犀川の一部を埋めたあと水溜堀が残ったことが由来だと伝わります。古い町家が残り、里見町と同様に「こまちなみ保存区域」に指定され、カラーブロックの小道になっています。

突き当たりを左折し、次の角を右折すると犀川の川べりにたどり着きます。実際に歩いてみると、まるで迷路のように入り組んだ町割りになっていると感じられたはずです。金沢城の周囲は堀や2つの川によって円形に囲まれていますが、そこになるべく四角い街区をつくろうとすると、縁辺部にはこのように迷路のような空間が生まれます。こうした多少不便な立地の水溜町には、江戸時代、平士や御徒《おかち》・足軽などの下級武士が住んでいました。

室生犀星文学碑　犀星のみち沿いの休憩所に、複数の文学碑が並ぶ。写真はその1つ。

本多町、里見町、水溜町と武家町を見てきました。武家町とはいっても町並みに大きな差があると感じられたはずです。金沢の城下町は、全国の城下町のなかでも武士階級の住民の多い町でした。そのなかでは、このように身分による住み分けが行われていました。

なお、犀川東岸は犀川沿いで育った室生犀星《むろうさいせい》にちなみ「犀星のみち」と呼ばれています。川べりは広場になっていて、室生犀星の文学碑も立っています。碑には「あんずよ／花着け／地ぞ早やに輝やけ／あんずよ花着け／あんずよ燃えよ」（抒情小曲集）という犀星の有名な詩歌も見つけることができます。犀星のみちを北西に進めば犀川大橋です。

犀川大橋　現在の鉄橋は大正13年（1924）に完成。平成6年（1994）の改修時に、現在の青みがかった配色が施された。この配色は加賀友禅をイメージしている。

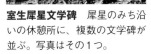

「尾張町」「大手町」に整然と並ぶ町人地・武家地

金谷御殿跡に創建された擬洋風の「尾山神社」

尾山《おやま》神社は金沢観光の人気スポットであり、金沢城への入口、城下町歩きのスタート地点としても便利なところです。ここを起点に金沢城の大手門前方の町割を、内惣構のラインに沿って歩いてみます。ちなみに、尾山神社前から大通りを挟んだ金沢中央観光案内所にはたくさんのパンフレットが置かれており、一見の価値があります。

尾山神社は廃藩置県後の明治6年（1873）、加賀八家の1つだった前田土佐守家《とさのかみけ》の前田直信《なおのぶ》をはじめとする旧加賀藩士が、藩祖利家の功績を伝えるために金谷御殿の跡地に創建しました。ご神体は卯辰八幡社より分霊し、平成10年（1998）には、利家の正室・芳春院《ほうしゅんいん》（まつ）も合祀されました。

境内の摂社である金谷神社では、2代藩主利長以降の藩主とその正室がまつられています。境内にある庭園は幕末の金谷御

尾山神社神門　全国でも珍しい擬洋風建築。洋風に見えて実際は日本の様式でつくられている。●北陸鉄道バス「南町・尾山神社」バス停より／金沢市尾山町11-1

尾山神社前の西内惣構跡　西内惣構は明治8年（1875）までに大部分が埋め立てられ、地下の水路となり、現在も利用されている。

殿の庭に手を加えた城内庭園の1つであり、自由に見学できます。さらに進むと鼠多門橋があり金沢城内に行けますが、ここでは本殿を参拝したあと神門に戻り、神門前の裏通りを北上します。この裏通りは、西内惣構を埋め立ててできた堀と惣構外道にあたります。

地図を見ると尾山神社前からは、並行して2本の道が走っていて、土塁の内側道と堀沿いの外道が今もうかがえます。土塁を削り堀を埋めてできた、この2本の道の間には商店街が並んでいます。

『延宝金沢図』(部分) 城の西から北を抜粋。(石川県立図書館蔵)

石川県文教会館などを通り過ぎ、道なりに進んでいくとアーケードで覆われた市場に行き着きます。「近江町市場」です。その起源は定かではないものの、一説によれば享保年間（1716～36）に遡るといわれます。地元の人はもちろん観光客も多く、にぎやかな一帯となっています。

近江町市場を抜けると百万石通りに行き当たります。ずっと南北に続いていた内惣構の堀ですが、この辺りで右（東）に折れ、「市姫神社」のすぐ裏手辺りを通っていました。実際に市姫神社横の道から裏手に回ってみると、高低差があります。

市姫神社裏手の段差

百万石通りに面した市姫神社東脇の道を北に進むと古い街路に出ます。この道を右（東）方向に回り込むと「寿屋」前につながっており、この一帯は袋町《ふくろまち》といいます。前田利家は文禄3年（1594）、この付近に金沢の真宗門徒のため、金沢末寺（別院）の屋敷地を与えました。街路が袋状の行き止まりになっているのはそうした来歴によるものです。

城下町人の中心地「尾張町」

寿屋前の丁字路を左に折れ、「新町・鏡花通り」を東に直進します。この通りより城側には「尾張町通り」「今町通り」などがあり、城の大手門前方の町人地でした。尾張町通りに国道が通ったのは明治以降のことで、江戸期には北国街道の大通りでした。今は百万石通りとなっています。

この付近の百万石通り両側が旧「尾張町」です。尾張町は城の大手門前方に広がる町人地で、ほかの城下町でいう本町にあたります。江戸時代には格式の高い町人が居を構え、米商人や薬種商などの店舗が並んでいたほか、飛脚の集荷所が設けられていました。現在も森忠商店など老舗の商店が残っており、この地が城下町の経済の中心地であったことを物語っています。

上級藩士が住んだ「大手町」

新町・鏡花通りを尾張町交差点に向かって右（南）に折れると、正面に金沢城の大手門（尾坂門）が見えます。この大手門へ通じる道は、「大手門中町通り」といいます。参勤交代の際、北国街道へ出る道として使われました。

百万石通りを南へ渡ると、「尾張町南交差点」辺りからが、かつての武家地で、上級藩士が居を構えていました。この一帯が「大手町」（明治以後の町名）です。たとえば、金沢総合健康センターは3代利常が取り立てた津田玄蕃《つだげんば》の屋敷があった場所です。さらにその西一帯には、八家の前田対馬守家《つしまのかみけ》の屋敷がありました。

尾張町南交差点を左折（東）し寺島蔵人《くらんど》邸に向かいます。19世紀前半、貧民の立場に立って藩政の改革を主張したことで知られる寺島蔵人の旧宅です。一部縮小・改築されてはいますが、18世紀後半頃の様式を現在によく伝えています。書画や武具が展示され、庭や茶室も見学できます。

寿屋　建物は江戸時代末に建てられた羽二重問屋のもの。寿屋は大正10年（1921）に創業し、昭和8年（1933）に現在の町家に移転。●北陸鉄道バス「武蔵ケ辻・近江町市場」「尾張町」バス停より／金沢市尾張町2-4-13

寿屋前の道（新町・鏡花通り）
旧新町石碑があるこの通りは、江戸時代からこの程度の道幅だった。

寺島蔵人邸　江戸時代後半に建てられた武家屋敷で、文化5年（1808）に画家の浦上玉堂を招いたという部屋が現存する。（金沢市提供）●北陸鉄道バス「橋場町」バス停より／金沢市大手町10-3

寺島邸から南に進み、お堀通りを右折（西）して大手町病院、「検察庁前交差点」へ向かいます。お堀通りを挟んだ南側には現在、裁判所が置かれています。藩政期、この場所には公事場《くじば》がありました。公事場というのは、訴訟を扱う、裁判所のようなものです。土地利用は江戸時代からあまり変わっていないということになります。一方で交差点の北側には、城館・武家地のほか、道橋などの管理や土木事業を担当した普請会所がありました。検察庁前交差点から西に歩いていくと「大手門（尾坂門）」、さらに「黒門」前につながっています。

3つの史跡が重なる「黒門前緑地」

黒門前でお堀通りを右折（北）すると、次の角に「黒門前緑地《くろもんまえりょくち》」があります。この緑地は、一説には前田利家の4女である豪姫《ごうひめ》の住居跡だったとされる場所です。豪姫は前田家と豊臣家の関係を深めるため、豊臣秀吉の養女となり、やがて宇喜多秀家《うきたひでいえ》へ嫁ぎます。秀家は関ケ原の戦いで西軍についたため、東軍に参加した前田家とは敵対関係となりました。戦後、秀家は八丈島へ流され、豪姫は金沢へ戻ります。その際に豪姫が移り住んだのが、この辺りだったと伝えられています。

兼六園付近に置かれていた金沢地方検察庁検事正官舎が大正7年（1918）に同地に移築され、平成7

年（１９９５）まで存続しました。平成13年（２００１）、その一部に加え、アドレナリンの発見で知られる高峰譲吉《たかみねじょうきち》の旧家屋の離れが移築され、公園として整備されました。

　黒門前緑地からお堀通りを西へ向かい、次の十字路で左折（南）します。左手（東）に見えてくるのが、徳川家康、天照大神《あまてらすおおみかみ》、３代藩主前田利常をまつる「尾崎神社」、別名「金沢東照宮」です。

　４代光高《みつたか》は、寛永20年（１６４３）に前田家の安泰を図るため、金沢城北の丸に曽祖父・家康をまつる「東照大権現社」を建立しました。明治７年（１８７４）、神仏分離政策に従って尾崎神社と改称、さらに金沢城が陸軍用地となったために明治11年（１８７８）に現在地に移築されました。本殿と拝殿はともに国の重要文化財に指定されています。

　大きな戦火にさらされていない金沢では、このように現在の風景に江戸以前の遺構が自然と溶け込んでいます。そうした遺構を探しながら実際に歩くことで、当時の町の様子を想像できるはずです。とくに大手町は、藩政において重要な施設がまとまっていたことが感じられます。

旧高峰邸　もともと現在の大手町に建っていたが、昭和39年（1964）に解体され、離れ部分だけが金沢市の湯涌江戸村に移築されていた。

尾﨑神社　明治11年（1878）に現在の場所に移築されたが、この場所は『武士の家計簿』で知られる加賀藩御算用場の跡地。（金沢市提供）●北陸鉄道バス「武蔵ケ辻・近江町市場」バス停より／金沢市丸の内5-5

城下 4

情緒あふれる「主計町」「ひがし茶屋街」周辺

加賀藩が公認した東西の茶屋街

金沢を代表する観光地として人気を集めているのが、城下町の北側に並ぶ2つの茶屋街、主計町《かずえまち》茶屋街とひがし茶屋街です。主計町茶屋街は西外惣構の一部を成す浅野川の南側に、ひがし茶屋街は浅野川の東側に位置しており、ともに国の「重要伝統的建造物群保存地区」に選定されています。

加賀藩は芝居と遊郭を禁止していましたが、文政3年（1820）に町奉行の働きかけによって公許され、その際、それまで城下に点在していた茶屋（遊郭）は浅野川の東（ひがし茶屋街）と犀川の西（にし茶屋街、129ページ）に集められました。町割りも改められており、現在のように街路に整然と茶屋が並ぶようになったのは江戸後期のことです。主計町が茶屋街として整えられたのは明治に入ってからでした。

町名として復活した「主計町」

主計町という町名は、加賀藩士・富田《とだ》主計《かずえ》の武家屋敷があったことに由来しています。富田主計は3代利常時代の家臣です。

ちなみに、町名としての主計町は昭和45年（1970）に尾張町2丁目に吸収され、地図上からは消えていました。この時期、全国各地で多くの古い町名が地図上から消えましたが、やがて町名復活運動が活発に

久保市乙剣宮　祭神は素戔嗚命《すさのおのみこと》。社伝によれば、平安時代に白山の鶴来金剱宮《つるぎきんけんぐう》から勧請したと伝わる。主計町の氏神。（金沢市提供）●北陸鉄道バス「橋場町」バス停より／金沢市下新町6-21

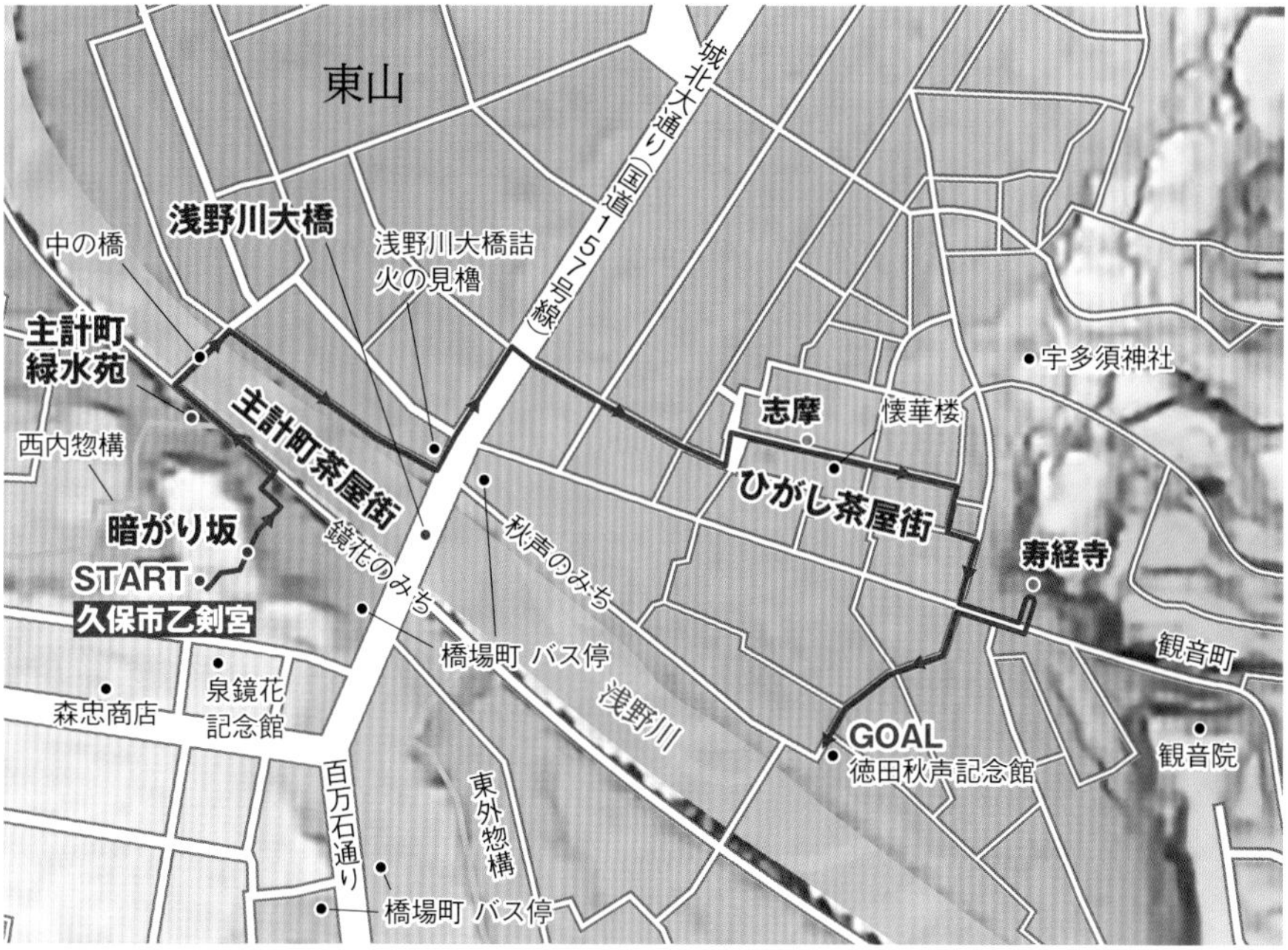

『延宝金沢図』（部分）　主計町周辺を抜粋。この時代にはまだひがし茶屋街は未整備。（石川県立図書館蔵）

なり、平成11年（1999）に主計町の旧町名を復活させました。

　ここでは主計町の南、下新町《しもしんちょう》に建つ「久保市乙剣宮《くぼいちおとつるぎぐう》」辺りから歩いていきます。古地図を見るとわかるように、主計町や下新町付近は東と西の惣構に囲まれた北東隅に位置し、内惣構と外惣構の堀水が浅野川へと注ぎ出すところでした。ここを突破すれば大手門は目前という立地です。防衛上非常に重要な地点だったということがわかります。その守りとして、久保市乙剣宮が建つ場所には、前田家臣の中でも猛将として知られる西尾隼人の屋敷が置かれていました。

　じつはこの場所は、金沢の町の成立においても非常に重要な場所です。神社名の「久保市」とは、14世紀頃からこの場所にあった市場のことです。一向一揆勢力の寺内町となったことが現在の金沢の町の始まりですが、金沢に本願寺の末寺が置かれ寺内町となったのは、それ以前に久保市（窪市）ができ、水陸交通の要所になっていたことが影響しています。

暗がり坂　尾張町界隈の男性は、この道を抜けてひっそりと主計町やひがし茶屋街に通ったと伝わる。左は夜の風景。（左：金沢市提供）

また、久保市乙剣宮は、その向かいに泉鏡花《いずみきょうか》の生家があり、跡地に泉鏡花記念館があります。鏡花が幼少期に遊び場としていた神社としても知られ、境内には鏡花の句碑が立っています。

神社の境内を抜けると、泉鏡花の小説の世界を思わせるような、情緒ある石段が続いています。日中もあまり日の当たらない暗い坂道なので「暗がり坂」と呼ばれています。日によっては、芸妓《げいぎ》が奏でる三味線《しゃみせん》の音が聞こえてきます。

主計町の小路　暗がり坂を下ると風情ある路地裏につながる。

復元された西内惣構「緑水苑内遺構」

「主計町茶屋街」の茶屋の間を縫うように続く小路を抜けると浅野川です。明治時代に建てられた料理屋や茶屋が並ぶ浅野川南岸の沿道は、泉鏡花にちなんで「鏡花のみち」と呼ばれています。

浅野川に向かって左折（西）し、少し歩けば左手（南）に緑地が見えてきます。西内惣構堀の流水を利用して整備された「主計町緑水苑《りょくすいえん》」です。公園には公衆トイレや休憩所が設けてあり、主計町散策コースの休憩スポットにもなっています。

主計町緑水苑　復元された土塁。

主計町緑水苑の南西側には、平成元年（1989）4月に復元された西内惣構の遺構があり、自由に見学できます。西内惣構は、尾山神社のある旧金谷出丸周辺に始まり、浅野川に注いでおり、長さは約1600メートルに及びます。緑水苑内遺構は、その最も北、浅野川に排水していく遺構です。

古地図上で見ると、緑水苑が位置する場所で内惣構が大きく外に膨らんでいることがわかります。有事には、出丸のように機能することが期待されたと考えられています。

緑水苑前に架かる「中の橋」を渡ると、住宅地の中にホテルや寺院が点在する東山につながっています。

地図を見ると細い長方形に町割りしていることがわかります。これは、この場所が家臣の馬を飼育・調教する馬場（当時は関《せき》助《すけ》馬場と呼ばれた）だった頃の町割りを継承しているためです。

浅野川大橋　江戸時代から交通の要衝としてにぎわった。

出格子の町家が並ぶ「ひがし茶屋街」

浅野川北岸の沿道を通り、浅野川大橋へ向かいます。この道は、ひがし茶屋街の端で幼少期を過ごした金沢出身の文豪・徳田秋声《とくだしゅうせい》にちなみ「秋声のみち」と呼ばれます。大橋のたもとに建つ鉄塔「浅野川大橋詰火《ひ》の見櫓《みやぐら》」の角で左折（北）します。2つ目の交差点「ひがし茶屋街」の前で城北大通りを横断したのち、土産物店やカフェが並ぶ石畳の通りを進めば「ひがし茶屋街」に到着します。

ひがし茶屋街

文政3年（1820）から明治初期に建てられた歴史的建造物が90軒以上も残り、金沢の3つの茶屋街のうち最大規模を誇ります。ひがし茶屋街の町家の特徴の1つが「木虫籠《きむすこ》」と呼ばれる出格子《でごうし》です。この出格子は、桟《さん》が細く隙間が狭くなっているため、外から店内の様子が見えにくくなっています。こうした建築様式の町家が道路の両側に並ぶ風情ある景色は、古都金沢のシンボルといえます。

現在、ひがし茶屋

志摩　文政3年（1820）に建てられて以来、大きく手を加えられていない。2階（下写真）は押し入れなどは設けず、あくまで客間としてつくられている。（ともに金沢市提供）

『東新地絵図』　幕末頃のひがし茶屋街を描いたもの。（金沢市立玉川図書館蔵）

街で営業している茶屋は5軒で、それ以外は町家を利用したカフェやレストラン、土産物店となっています。茶屋は基本的に「一見《いちげん》さんお断り」ですが、ひがし茶屋街には有料で店内を一般公開している「志摩《しま》」や「懐華楼《かいかろう》」などの茶屋があります。

志摩はひがし茶屋街の開発が始まった文政3年（1820）の建物で、唯一江戸時代の様式をそのまま残す貴重な文化遺産です。懐華楼も同じ頃に建設された、金沢最大の茶屋建築です。こちらは明治以降に大きく改装されており、贅《ぜい》を凝らした明治期の風情を味わうことができます。

一揆首謀者を供養する「寿経寺」

志摩から東に進み、突き当たりを右折（南）して道なりに進み、十字路で左（東）に入れば、「七稲《なないね》地蔵尊像」で知られる「寿経寺《じゅきょうじ》」があります。安政5年（1858）の飢饉のおり、米価暴騰によって米を食べることができなくなった町人約2000人が、7月11日夜に卯辰《うたつ》山に登り、金沢城に向かってお救い米を出すよう泣き叫びました。この直訴は「安政の泣き一揆」と呼ばれています。

しかし当時、藩主への直訴は認められておらず、首謀者7人は捕らえられ、処刑または獄中死することとなります。彼らを供養するために建立されたのが、寿経寺門前の「七稲地蔵」です。

この周辺は「観音町」という町名になっています。この町名は、卯辰山中腹に位置する古刹《こさつ》「観音院」（110ページ）に由来しています。社伝によれば、前田家が代々安産祈願に参拝したといい、前田家ゆかりの寺院です。

十字路まで戻り、南に道なりに進めば「徳田秋声記念館」もあるので足を延ばしてもよいでしょう。

寿経寺 七稲地蔵 もとは観音坂の沿道にあったものがこの地へ移転された。●北陸鉄道バス「橋場町」「東山」バス停より／金沢市観音町3-1-6

金沢の歴史探訪の場、石碑でめぐる「卯辰山」

江戸時代に金沢城防衛と鬼門除けのために寺院が集められた卯辰山。昭和期には一帯の公園が整備され、慰霊碑をはじめ、金沢と関わりのある偉人の功績や歴史的な出来事を刻んだ石碑が建立されるようになった。そんな卯辰山の石碑をめぐる。

兼六園から見た卯辰山

戊辰戦争で戦死した加賀藩士をまつる「招魂社碑」

金沢城の北東に位置する卯《う》辰《たつ》山は、標高141メートル、周囲約8キロメートルの低山です。

江戸時代、卯辰山山麓には寺院が集められ、藩士や庶民にとって祈願と信仰の場所でした。幕末には養《よう》生所《じょうしょ》や教育施設、陶器や織物などの工場、寄席や芝居小屋などの娯楽施設がつくられました。しかし明治2年（1869）の版籍奉還により卯辰山開拓事業は停止され、施設は荒廃しました。

大正期になると、「都市公園」という考え方が取り入れられ、卯辰山の公園整備が始まりました。戦後は一帯に展望台や花菖蒲《はなしょうぶ》園、運動場、工芸工房などが設けられ、「卯辰山公園」が誕生します。

その過程で着目したいのが、顕彰碑、功労碑、慰霊碑、歌碑などの石碑が次々と建立されたことです。石碑は現在65あり、卯辰山は「碑林公園」と呼ばれています。石碑をめぐると歴史的な出来事や金沢ゆかりの偉人の功績を改めて学ぶことができます。

卯辰山が碑林公園となるきっかけとなったのが、招《しょう》魂社《こんしゃ》（現在の石川護国神社）があった場所に、昭和12年（1937）に建立された「招魂社跡記念碑」です。花菖蒲園から卯辰山三社へ向かう参道の途中に位置します。

花菖蒲園　約100種の花菖蒲が植えられている。6月頃が見ごろ。

招魂社は明治3年（1870）、戊辰《ぼしん》戦争で戦死した加賀藩士108名をまつるために卯辰山に建てられました。昭和10年（1935）に社殿を出羽町練兵場に移したのち、旧地には記念碑が設けられました。招魂社跡記念碑のほか、北越戦争の碑と戦没者の碑の追悼慰霊碑も建っています。

見晴らし台は夕日や夜景スポットとしても市民に愛されている。

金沢城の戌亥櫓から橋爪門の方に見える卯辰山。城に近く重要な位置にあったことがわかる。

カトリック金沢教会が昭和43年（1968）、卯辰山山頂付近にある横空台の遊歩道を下った場所に建立した「キリスト教殉教者の碑」も追悼慰霊碑です。明治2年（1869）に長崎浦上村のキリスト教徒約500人が金沢藩（現在の石川県）に預けられ、この地に幽閉されました。明治6年（1873）に送還されるまでの4年間に、迫害や病気により100人以上が亡くなりました。碑の表には「義のため迫害される人は幸いである」と聖書の言葉が刻まれています。

金沢市は第二次世界大戦中も、アメリカ軍による空襲を受けなかったものの、卯辰山には大戦の慰霊碑があります。その1つが、卯辰山相撲場を見下ろす高台にある「殉難《じゅんなん》おとめの像」です。愛知県豊川市の「豊川海軍工廠」への空襲で犠牲になった石川県出身の女子挺身隊員52名を慰霊するもので、元隊員や遺族が昭和37年（1962）に建立しました。像の下にある石碑には、金沢出身の詩人・小説家である水芦光子《みずあしみつこ》作の挽歌が刻んであります。

泉鏡花句碑と徳田秋声文学碑

卯辰山には、泉鏡花、徳田秋声など金沢ゆかりの文豪の石碑もあります。浅野川にかかる天神橋から卯辰山に上る道路のカーブに建っているのが、「泉鏡花句碑」です。鏡花は9歳で母を失っており、碑には「はゝこひし夕山桜峰の松」の句が刻まれています。

卯辰山山頂上付近に設けられた望湖台には、金沢出

徳田秋声文学碑　下は犀星直筆の文書を写した陶板。

泉鏡花句碑

身の建築家谷口吉郎が設計した「徳田秋声文学碑」が設置されています。碑の右上の壁面には、秋声の直筆文を焼き付けた陶板、碑の左下には同じく金沢出身の文豪・室生犀星の筆による秋声の略歴や秋声の辞世の句を焼き付けた陶板がはめこまれています。

卯辰山山頂上付近の玉兎ケ丘《ぎょくとがおか》には、石川県かほく市出身の反戦川柳作家・鶴彬《つるあきら》の川柳碑があります。鶴は労働運動に参画したのち、反戦川柳を発表し続けました。治安維持法違反容疑で検挙された鶴は、拘留中に赤痢にかかり、29歳の若さで獄中死しています。石碑には「暁を抱いて闇にゐる蕾」の川柳が刻まれています。

製箔機を発明した三浦彦太郎の碑

山野草園の近くには「三浦彦太郎君之碑」があり、その功績を記した碑文が刻まれています。三浦彦太郎は明治2年（1869）に現在の金沢市で生まれた発明家・実業家で、製箔業界では「箔業に革命を起こした偉人」と呼ばれています。金沢では国産金箔の99％が生産されており、彦太郎はその先駆者といってよいでしょう。

14歳で箔職人に弟子入りして製箔技術を習得し、24歳で独立して、金銀、洋箔の製造工場を経営します。しかし、手作業のままではこれ以上の発展はないと考え、明治28年（1895）に製箔の機械化に着手します。彦太郎は研究と実験を続け、大正4年（1915）に電動式の箔打ち機を発明しました。その2年後には渡米し、金沢箔の販路を開拓したほか、東南アジアやインドへも出向き、箔製品の販路を拡大しています。碑は昭和13年（1938）、彦太郎の古希《こき》を記念して建立されたものです。

三浦彦太郎君之碑から北へ上った場所には、絹織物機械の発明家、実業家の津田米次郎《よねじろう》を顕彰する「津田米次郎翁発明顕彰碑」と、マッチ製造の国産化に成功した科学者・清水誠《しみずまこと》の業績をたたえる「清水誠先生顕彰碑」があります。

このように、卯辰山には歴史的事件や偉人の業績を刻んだ碑、追悼碑、歌碑などが多くあり、石碑をめぐる歴史探訪ができるようになっています。

40以上の寺院が集まる「卯辰山山麓寺院群」

前田家の安産祈願所「観音院」

金沢城の鬼門（北東）の方角にあたる卯辰山の山麓には、40以上の寺院が集まっており、「卯辰山山麓寺院群」と呼ばれています。全国的にも希少な寺院集積地区として、平成23年（２０１１）に国の「重要伝統的建造物群保存地区」に選定されました。このうち藩主前田家ゆかりの寺院を中心にめぐります。

北陸鉄道バス「橋場町」バス停から卯辰山の「観音院」へ向かいます。浅野川大橋交番北側の道を右折(東)して直進すると、左手（北）に１０５ページでも訪れた「寿経寺」が見えてきます。

寿経寺からさらに東へ向かい、Y字路を右手（南東）へ進むと見えてくる石段は「観音坂」と呼ばれています。急な石段を上りきると現れるのが観音院です。

観音院　旧暦7月9日の四万六千日の祈禱で知られる。また、江戸時代には神事能も行われていた。●北陸鉄道バス「橋場町」「東山」バス停より／金沢市観音町3-4-2

観音院は、慶長6年（１６０１）創建と伝える真言宗寺院です。寺の縁起には「3代藩主利常の正室・珠姫が長谷観音様を厚く信仰し、社殿を寄進した」と記されています。その後、利常が境内《けいだい》伽藍《がらん》を整備し、以来、前田家が安産祈願や宮参りなどに訪れる祈願所となったそうです。所蔵の多門天《たもんてん》像と持国天《じこくてん》像は、金沢市の有形文化財に指定されています。また元和3年(１６１７）の神事能を機に翌年4月から町人主催の能が恒例となったことでも著名です。ほか境内には、江戸時代の和算家（数学者）関孝和《せきたかかず》、歌舞伎役者中村芝加《しか》

十郎《じゅうろう》などの碑や墓があります。

藩祖利家をまつる「宇多須神社」

寿経寺まで戻り、次の十字路を右（北）へ進むと、右手（東）に「宇多須《うたす》神社」、左手（西）に「菅原神社」が見えてきます。慶長4年（1599）、利長が越中高岡から八幡宮を移し、前年亡くなった父利家の御霊を合祀、卯辰《うたつ》八幡宮としてまつったのが始まりとされています。3代利常による崇敬と保護ののち、歴代藩主の祈禱所となり、加賀藩祖の社として崇敬されました。尾山神社も卯辰八幡社から分霊を受け、明治6年（1873）に創建されました。明治34年（1901）、卯辰山の古名にちなんで現社名に改称されています。

菅原神社は、文政3年（1820）に金沢城下で遊郭

宇多須神社　明治6年（1873）、利家は尾山神社に遷座された。安政の泣き一揆では一揆の集会場所となった。●北陸鉄道バス「橋場町」「東山」バス停より／金沢市東山1-30-8

の営業が公認された際、茶屋街の守護神として菅原道真をまつったのが始まりです。ひがし茶屋街の芸妓たちの守り神として崇められてきました。この神社に限らず、金沢市内には菅原道真をまつった神社が多数見られます。これは前田家が菅原道真の子孫だと主張し、幕府に系図を出したことによります。

菅原神社からさらに北へと進み、2つ目の角を右折(東)します。正面に見えてくる石段を上ると「慈雲寺《じうんじ》」です。前田家の兵法指南役だった富田景政と今井彦右衛門《ひこえもん》の菩提寺で、元和元年(1615)に能登七尾からこの場所へ移りました。寺蔵の毘沙門天《びしゃもんてん》は9代藩主前田重靖《しげのぶ》の守本尊《まもりほんぞん》(身の守りとして信仰する仏)です。

慈雲寺を背にし、北に延びる小路を進むと「蓮昌寺《れんじょうじ》」が見えてきます。寺の縁起には、利常の生母である寿福院の帰依所《きえしょ》であったと記されています。蓮昌寺は、金沢三大仏の1つである「丈六(1丈6尺、4・85メートル)の釈迦如来立像」の安置や、泉鏡花の絶筆小説『縷紅新草《るこうしんそう》』の舞台としても知られています。

菅原神社 創建時は西源寺(観音町)の後方にまつられていた。●北陸鉄道バス「橋場町」「東山」バス停より／金沢市東山1-27-7

慈雲寺 法華宗の寺院。歴史書『越登賀三州志』の著者として知られる富田景周の墓などがある。●北陸鉄道バス「橋場町」「東山」バス停より／金沢市東山2-10-10

利常とともに金沢に移った「西養寺」

蓮昌寺の山門の前の小路を北上し、酒店の角を右(東)へ曲がった先の階段を上ると天台宗「西養寺《さいようじ》」に到着します。寺の縁起によれば、もともと同寺は越前府中《えちぜんふちゅう》(現在の福井県越前市)にあり、その頃、府

西養寺　金沢の天台宗を代表する寺院。境内からは金沢市内が一望できる。●北陸鉄道バス「橋場町」「東山」バス停より／金沢市東山2-11-35

中にいた利家や利長がたびたび参詣したそうです。利長の移住に追従し、慶長7年（1602）に金沢城下に寺を建立しました。さらに慶長17年（1612）にこの場所へ移転し、本堂を建立しています。数少ない天台宗の触頭《ふれがしら》（藩や本山の命令・御用を配下寺院に伝えるまとめ役）を務めました。

小路に戻り西へ進むと「来教寺《らいきょうじ》」、十字路を北へ進むと「円光寺《えんこうじ》」です。円光寺は2代利長から寺地をもらい、寛永13年（1636）に現在地に移りました。利長の守本尊である観世音菩薩像が安置されています。

円光寺付近からはさらに道幅が狭くなります。円光寺の手前から東に延びる小路を抜けていくと「誓願寺《せいがんじ》」、誓願寺沿いにさらに東へ坂を上っていくと「真成寺《しんじょうじ》」があります。真成寺には小松城主だった丹羽長重《にわながしげ》が崇敬した鬼子母神《きしぼじん》像が安置され、安産・子宝で広く信仰されています。

真成寺西側の階段を上り、小路を抜けていくと、ほどなく視界が開け、一帯を一望できます。多くの寺院や墓地が連なり、卯辰山山麓が信仰の地であると実感できる風景です。西方へ坂を下っていけば森山バス停にたどり着きます。

なお、さらに北に進めば、国の重要文化財である『絹本著色阿弥陀三尊来迎図』をもつ「心蓮社《しんれんしゃ》」や、裏千家の祖・千宗室《せんのそうしつ》（仙叟《せんそう》）の墓がある「月心寺《げっしんじ》」などもあるので、足を延ばしてみるのも一興です。

卯辰山山麓に点在する寺院をつなぐ散策路は「心の道」と名づけられ、散策にも適した道となっています。城下防御も考えて山麓に集められた寺院群ですが、前田家や金沢を代表する文化人との縁も深く、江戸時代を通して金沢の文化に深く根ざした慰霊の空間だったことがしのばれます。

城下 6

金沢御堂と縁が深い「西別院」「東別院」周辺

利家寄進の地に建つ「西別院」

加賀国・能登国（現在の石川県）は、「真宗王国」と呼ばれるほど浄土真宗の信者（門徒）が多い地域です。その基盤を築いたのは、浄土真宗本願寺8代住職の蓮如《れんにょ》でした。蓮如は文明３年（１４７１）、吉崎御《よしざきご》坊《ぼう》（現在の福井県あわら市）を拠点として、布教活動を始めました。これを機に北陸地方で本願寺の勢力が拡大していきます。

農民を主体とする浄土真宗門徒は、やがて加賀の守護・富樫政親《とがしまさちか》の居城「高尾城」（現在の金沢市高尾町）を攻め落とし、約半世紀後には小立野台地先端に「金沢御堂《みどう》」を建立しました。しかし佐久間盛政《さくまもりまさ》に制圧され、陥落します。その後、前田利家が天正11年（１５８３）に入城し、金沢城の築城に着手しました。

利家は浄土真宗と和睦し、金沢御堂再興のため城下に土地を与えました。文禄３年（１５９４）に現在の袋町《ふくろまち》付近に寺地が寄進され、「金沢末寺《まつじ》」が再興されます。以降、金沢城下をはじめ農村部でも浄土真宗寺院が増え続けることとなりました。

実際に代表的な浄土真宗寺院をめぐっていきます。金沢駅前から駅前通りを金沢城方向に進み、斜め左（東）に延びる別院通りに入ります。十字路でもう一度左折（北）し、小路を直進します。左手（西）に「光専寺」があり、通り過ぎると東大通りにぶつかります。角には「安江八幡宮」の看板が出ています。

本願寺金沢別院（西別院）　金沢御堂の後継寺院。門前付近は御坊町と呼ばれ、周囲の照円寺などは看坊（寺院を守る僧坊）を務める。●北陸鉄道バス「武蔵ケ辻・近江町市場」「リファーレ前」バス停より／金沢市笠市町2-47

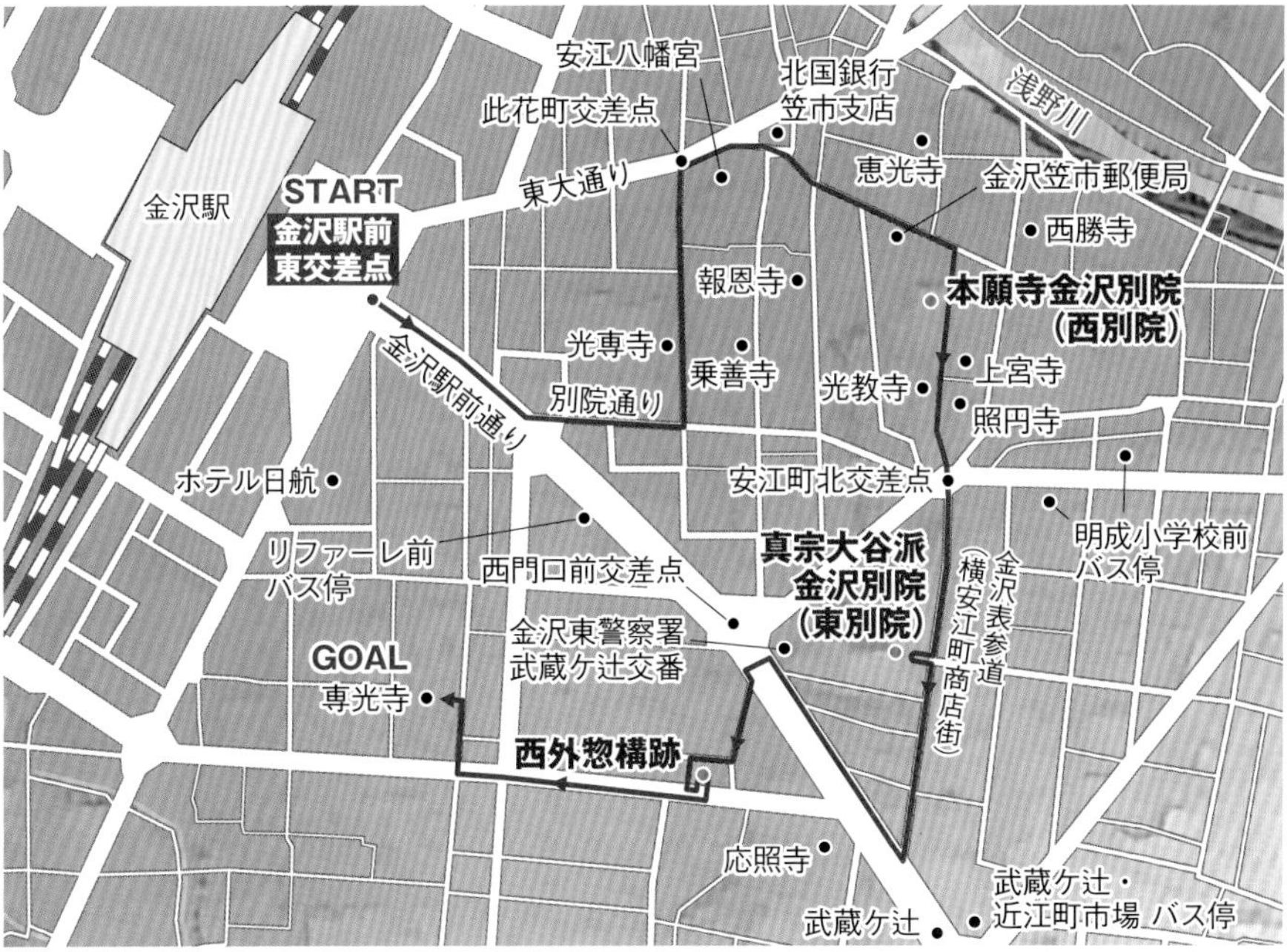

ここまで歩いてきた小路が江戸時代の道筋です。駅前通りは平成にできた新しい道で、もともとの長方形街区を斜めに断ち切っています。道がややこしいので、地図で確認しながら歩きます。

此花町《このはなまち》交差点を東へ向かい、北国銀行笠市《かさいち》支店手前の道に入ります。金沢笠市郵便局を過ぎて次の角を右折（南）すると、ほどなく右手（西）に現れる寺院が「本願寺金沢別院（西別院）」です。この金沢末寺は初め袋町付近にあり、寛永8年（1631）頃までに3代藩主利常から現在の笠市町辺りの土地が寄進され、移転したようです。これが戦国時代の金沢御堂の伝統を受け継ぐ、近世の本願寺末寺です。

現在の本堂は、全焼を経たのち、北陸の信者の支援を受けて再建されたものです。落成は嘉永2年（1849）で、石川県の有形文化財に指定されています。

西別院の周囲には、多くの浄土真宗本願寺派寺院が西別院を囲むように集まっています。西別院の南東に位置する「上宮寺《じょうぐうじ》」、その南西にある「光教寺《こうきょうじ》」、上宮寺の南に位置する「照円寺《しょうえんじ》」、西別院の北東に位置する「西勝寺《さいしょうじ》」などがそうです。

豊臣・徳川の対立を受け「東別院」が別立

本願寺金沢別院からさらに南へ進むと安江町北の交差点に行き当たります。安江町北と武蔵ケ辻を南北に結ぶ３３０メートルの「金沢表参道」の両側には、仏壇店や呉服店などが軒を連ねています。江戸時代に東別院の門前町として始まった「横安江《よこやすえ》町商店街」です。

昭和34年（１９５９）からアーケード商店街となっていましたが、平成18年（２００６）に屋根が撤去されました。南に東別院、北へ２００メートルほどの距離に西別院があり、仏教や仏事に関連の深い店舗にとってはこの上ない立地です。

金沢表参道の西側にあるのが、広大な敷地を有する「真宗大谷派金沢別院（東別院）」です。金沢表参道の中ほどにある大門をくぐると、正面（西）に本堂、北に金沢幼稚園、南に金沢真宗会館、東別院会館が配置されています。

横安江町商店街

先にも述べたとおり、浄土真宗門徒は金沢城に入った前田利家と和睦しました。しかしその後、豊臣と徳川の対立に連動して、豊臣側の支持を受ける准如《じゅんにょ》派（本願寺派）と、徳川側の支持を受ける教如《きょうにょ》派（真宗大谷派）に分立しました。金沢でも両派は対立し、真宗大谷派の中心となったのが「専光寺《せんこうじ》」（金沢市本町《ほんまち》に現存）です。この専光寺が中心となり「東末寺」が興ります。寛永8年（１６３１）の大火ののち、現在の場所に伽藍が築かれました。本堂は幾度か焼失しており、現在の本堂は昭和46年（１９７１）に完成したものです。

東別院の周囲には、真宗大谷派の寺院が点在しています。東別院の北西に位置する「報恩寺《ほうおんじ》」「恵光寺《えこうじ》」「光専寺《こうせんじ》」「乗善寺《じょうぜんじ》」、南に位置する「応照寺《おうしょうじ》」など

真宗大谷派金沢別院（東別院）　本堂は金沢駅前通りからもはっきり見える大きさ。敷地西側の道は外惣構の土塁があった場所と重なる。●北陸鉄道バス「武蔵ケ辻・近江町市場」「リファーレ前」バス停より／金沢市安江町15-52

がそうです。

復元された西外惣構跡の「枡形」

金沢表参道を南に抜け、金沢駅前通りで右折（北西）すると金沢東警察署武蔵ケ辻交番があります。「西門口前」交差点を渡り、南側から斜めに延びている脇道へ入ると、ほどなく台形の建造物が目の前に現れます。城下町の防御施設である惣構の枡形《ますがた》の一部を、金沢市が平成30年（２０１８）に復元した「西外惣構跡」です。

枡形の復元模型

枡形というのは、城や城下町の出入口につくられた四角い空間のことで、周囲を土塁や櫓、堀で囲み、外敵に対抗する防衛施設です。道は食い違いになっています。この枡形は宮腰往還《みやのこしおうかん》と西外惣構が交わる、交通・軍事の要衝に位置していました。

改めて西別院と東別院の位置関係を確認すると、興味深いことがわかってきます。東別院は外惣構の内側に位置し、西別院は外惣構の外に位置するのです。これは金沢で現在に至るまで、浄土真宗門徒でもとくに真宗大谷派に属する人が多いことと無関係ではないと考えられています。

関ケ原の戦い以降、前田家は徳川家と親密な関係にありました。そのため徳川家とつながりの強い真宗大谷派が勢力を強めたとも考えられます。しかし、慶長2年（１５９７）の金沢門徒の誓詞《せいし》からも、すでに教如《きょうにょ》派の優位が読み取れます。いずれにしても、利家や利長は、浄土真宗との関係に苦労しながら城下町建設を進めたことが察せられます。

さらに西にまっすぐ進むと、一向一揆の拠点の1つであり、東末寺の創建にも大きな役割を果たした専光寺があります。拝観はできませんが、立派な外観からは金沢での浄土真宗の強さが伝わってきます。

『**延宝金沢図**』（部分）　西別院と東別院周辺を抜粋。（石川県立図書館蔵）

城下 7

繁華街と武家屋敷跡が隣接する「香林坊」周辺

木戸が置かれた「香林坊」

西外惣構の外縁部にあたる「香林坊《こうりんぼう》」は、「香林坊東急スクエア」などの大型商業施設やホテルが集まり、金沢を代表する繁華街となっています。香林坊という珍しい地名は、加賀藩ができた頃、比叡山の僧から帰俗して町人となった向田香林坊の住居があったことに由来します。行政上の正式な町名となったのは昭和40年（1965）のことで、それ以前は石浦町《いしうらまち》でした。

ここでは香林坊東急スクエアから歩を進めていきます。近代的なビル街に見える一帯ですが、注意深く見ていくと、香林坊東急スクエアの前に「香林坊橋」と刻まれた欄干が保存されていることに気づきます。その案内板には、寛政12年（1800）頃に、橋の長さ

『延宝金沢図』（部分）　香林坊から長町の周辺を抜粋。黒い太線が惣構の土塁線。内惣構と外惣構の間をぬって北国街道が走っている。（石川県立図書館蔵）

香林坊橋欄干

6間（10・8メートル）、幅3間1尺（5・7メートル）だったと記され、香林坊橋が大きな橋であったことがわかります。街道沿いには商店が並んでいました。

藩政時代の香林坊橋は、北国街道から金沢城下への南の玄関口であり、治安や防衛面でも要所だったため、木戸や枡形が設けられていました。橋の下を流れるのは鞍月《くらつき》用水です。先に述べたとおり、鞍月用水は西外惣構が元となった生活用水です。元和年間（1615～24）以前、犀川は二瀬に分かれており、川の中洲に河原町や河南町、古寺町などの町人地がありました。南西側の分流が本流になり、北東側の分流は埋め立てられて惣構堀となり、現在の鞍月用水の元となりまし

香林坊橋下に流れていく鞍月用水。

『加賀国図』（部分）　慶長9年（1604）に加賀藩が幕府に提出した絵図の写し。犀川が二瀬に分かれていることが確認できる。（東京大学総合図書館蔵）

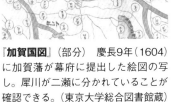

た。

「せせらぎ通り」で高低差を感じる

金沢城と城下町を防御する西外惣構は、石川県立美術館の美術の小径の下から始まり、金沢21世紀美術館の南側を通り、金沢市役所裏（柿木畠）で鞍月用水と合流しています。その後、香林坊、長町《ながまち》を経て、東別院（安江町）の北側で2方向に分かれ、浅野川へ注いでいます。鞍月用水は、現在は片町1丁目で暗渠《あんきょ》となって百万石通りの下を流れ、東急スクエアの南西側で開渠となっています。

せせらぎ通り　左は階段状の橋が並ぶ特徴的な景観。右は惣構内から外の道へ続く階段。

この鞍月用水に沿って北へ進みます。鞍月用水沿いには昔ながらの商店街が続いていて、「せせらぎ通り商店街」と呼ばれています。

地形図（前ページ）を見るとわかるように、鞍月用水の東、つまり金沢城側は標高が高く、西側はそれより低くなっています。鞍月用水に架かる橋は急坂になっているものも多く、なかには階段状になっているものも見られます。このような橋が用水路上に並ぶ景観は、香林坊周辺ならではのものです。とくに「日本銀行金沢支店」の裏手に惣構の内道が残っているので、一度そちらに上ってみると高低差を実感できます。

土塀に囲まれた「武家屋敷跡」

鞍月用水に沿ってさらに北へ進むと、格式を感じさせる割烹《かっぽう》が数軒目につきます。そのうち「割烹いしみ」の角を左折（西）します。鞍月用水の西側に広がるこの地域は「長町」といい、前田家直属の武家屋敷が整然と並ぶ閑静な武家地でした。住人である家臣たちは西外惣構の外側に住み、香林坊橋を渡って金沢城に通っていたわけです。

町名の由来は、土塀で仕切られた長方形の街区がいく筋も続いたからといいます。長町1丁目〜3丁目の西には長土塀《ながどへ》1〜3丁目と東西に長細い町割りが続き、今は一方通行などの交通規制が複雑になっています。

石畳の狭い道を西へ向かって進みます。金沢は第二次世界大戦の際に空襲を受けなかったため、全体に江戸時代の町割りが昔のまま残り、土塀と道がよく保存されています。土塀を雪や雨から守るため、11月になると「こも掛け」が行われ、晩秋の風物詩となっています。道幅が狭いのは江戸時代前半に建設された道幅が今も維持されているためです。土塀の内側に切妻の大屋根をもつ武家屋敷や長屋門などを見ながら歩きます。とくに、道の突き当たりに建つ大屋家住宅はアズマダチという大きな屋根が残り（明治期に改変）、見ごたえがあります。

やがて用水にかかる小さな橋にたどり着きます。橋の下を流れるのは、防火や融雪などに欠かせない多目的用水の「大野庄《おおのしょう》用水」です。

金沢市の中心部には、辰巳用水や鞍月用水など犀川から取水している用水がいくつもあります。大野庄用水もその1つです。長町では、土塀沿いを流れる風情

大屋家住宅　内部の間取りは江戸時代のものを残し、建物や門なども一式継承する。

長町　道幅は二間（約3.6メートル）と、現代の道幅よりもずいぶん狭い。

大野庄用水　総延長は約10.2キロ。宮腰湊（のちの金石港）から荷を運ぶためにつくられた。

ある景色を楽しめます。大野庄用水を引き込んだ庭園を復元している屋敷もあります。

この用水は、金沢城築城の資材運送にも役立ったと伝えられています。金沢の外港である宮腰湊（のちの金石港《かないわ》）から大量の木材や塩、米など公用荷物を舟で運んだため、「御荷川《おにがわ》」と呼ばれていたそうです。

庭園が見事な武家屋敷跡「野村家」

大野庄用水沿いを北へ進むと、用水に架かる「長町三の橋」を見つけることができます。この橋の東詰に建つのが「武家屋敷跡野村家」です。前田利家の直臣であった野村伝兵衛信貞の屋敷跡で、現在は一般公開されています。古木や橋、日本庭園のほか、書院造の部屋、茶室など見どころが多く、加賀の武家文化を堪能できる施設となっています。野村家庭園は、外国人から島根県の足立美術館庭園と並ぶ高い評価を得ており、海外のランキングでは兼六園以上の順位となっています。きりりと引き締まった明治期日本庭園のよさが前面に出た名園ですから、兼六園との違いを意識して鑑賞すると発見があります。

大野庄用水西側の道をさらに進むと、右手（東）に金沢聖霊《せいれい》総合病院が見えてきます。

聖霊病院前の橋を通り過ぎ、次の橋を渡るとすぐに「金沢市足軽資料館」があります。

2棟の足軽屋敷を移築し、一般公開している施設です。板葺き屋根や客人を迎え入れる座敷などから、足軽の暮らしがうかがえます。足軽ながら、戸立ての住宅をもっていたことに驚かされます。

野村家庭園　北陸で生育することはまれなヤマモモなども見られる。●北陸鉄道バス「香林坊」「長町」バス停より／金沢市長町1-3-32

金沢聖霊総合病院の背後に聖堂があるので、足を延ばします。竣工は昭和6年（1931）、設計はスイス人のマックス・ヒンデルによります。木造軸組の和風建築の技術を用いてロマネスク様式の外観を見せる聖堂です。中に入ると畳が敷かれていて、和洋折衷の建築美を楽しめます。

　金沢聖霊総合病院前の橋まで戻ると、「旧加賀藩士高田家跡」です。高田家は中級武士ですが、先の足軽屋敷と比べると建物の構造が異なることがわかります。

　その代表が長屋門です。また屋敷内には大野庄用水を引き込んだ庭園ががあり、これも違いの1つです。文化的な水準の高さが垣間見られます。

　大野庄用水沿いを南に向かい、右手（西）に見えてくる大きな和風建築の建物が「金沢市老舗《しにせ》記念館」と「前田土佐守家《とさのかみけ》資料館」です。老舗記念館は江戸時代の金沢を代表する薬種商で、豪商としても知られる「中屋薬舗」の建物を北国街道の南町から移設し利用しています。中屋は寛文年間（1661〜73）に5代綱紀から秘薬（紫雪《しせつ》・烏犀円《うさいえん》など）の製造許可を受け、町年寄役も務めた由緒ある商家でした。

　同記念館の用水を挟んだ反対側に、2代藩主利長の実弟・前田利政を家祖とする、前田土佐守家の資料館、前田土佐守家資料館があります。前田土佐守家は加賀八家の1つに数えられる名家でした。歴代当主ゆかりの古文書や美術品などが保管され、一部が展示されています。資料館南側の道を東に直進し、木倉町を通り抜ければショッピングモール片町きららに出ます。ここが金沢片町の中心地です。

　鞍月用水と大野庄用水に囲まれた地域をめぐってきました。用水を利用した水運が発達しており、庭園が整えられている屋敷なども散見され、江戸時代金沢の雰囲気をよく感じられる界隈です。

高田家長屋門　門の左側に見えるのが奉公人が住んだ仲間、右側が馬を飼っていた厩。●北陸鉄道バス「香林坊」「長町」バス停より／金沢市長町2-6-1

金沢市足軽資料館　足軽である清水家と高西家の住居で、野村家や高田家の屋敷と比べると、簡素なつくりだとわかる。●北陸鉄道バス「香林坊」「長町」バス停より／金沢市長町1-9-3

城下 8

城下の南を固める「寺町寺院群」

「寺町台地」の縁を寺院群で強化

犀川《さいがわ》の南、寺町台地に広がる「寺町」は、約70の寺院が立ち並んでおり、金沢の三寺院群において最大規模を誇ります。ほかの寺院群と同様に、万治～寛文（1658～73）頃までに3代藩主前田利常と5代綱紀によって整えられました。

金沢の城下町づくりは、地形を生かしながら戦略的に行われました。寺町が配された台地は天然の要害であり、そこに土塀や瓦葺きの寺院を置くことで防御は強化されます。寺町寺院群は、城下の南の入口、犀川口の防御を担っていました。加えて、武家地や町人地と寺社を切り離し、身分統制を行う役割もありました。

寺町台地を標高で見てみると、犀川大橋付近で標高約20メートル、そこから南へ行くに従い高くなり、犀川大橋から南東へ約1・3キロの下菊橋西側辺りになると、標高は約50メートルに及びます。台地をうまく町づくりに利用しています。

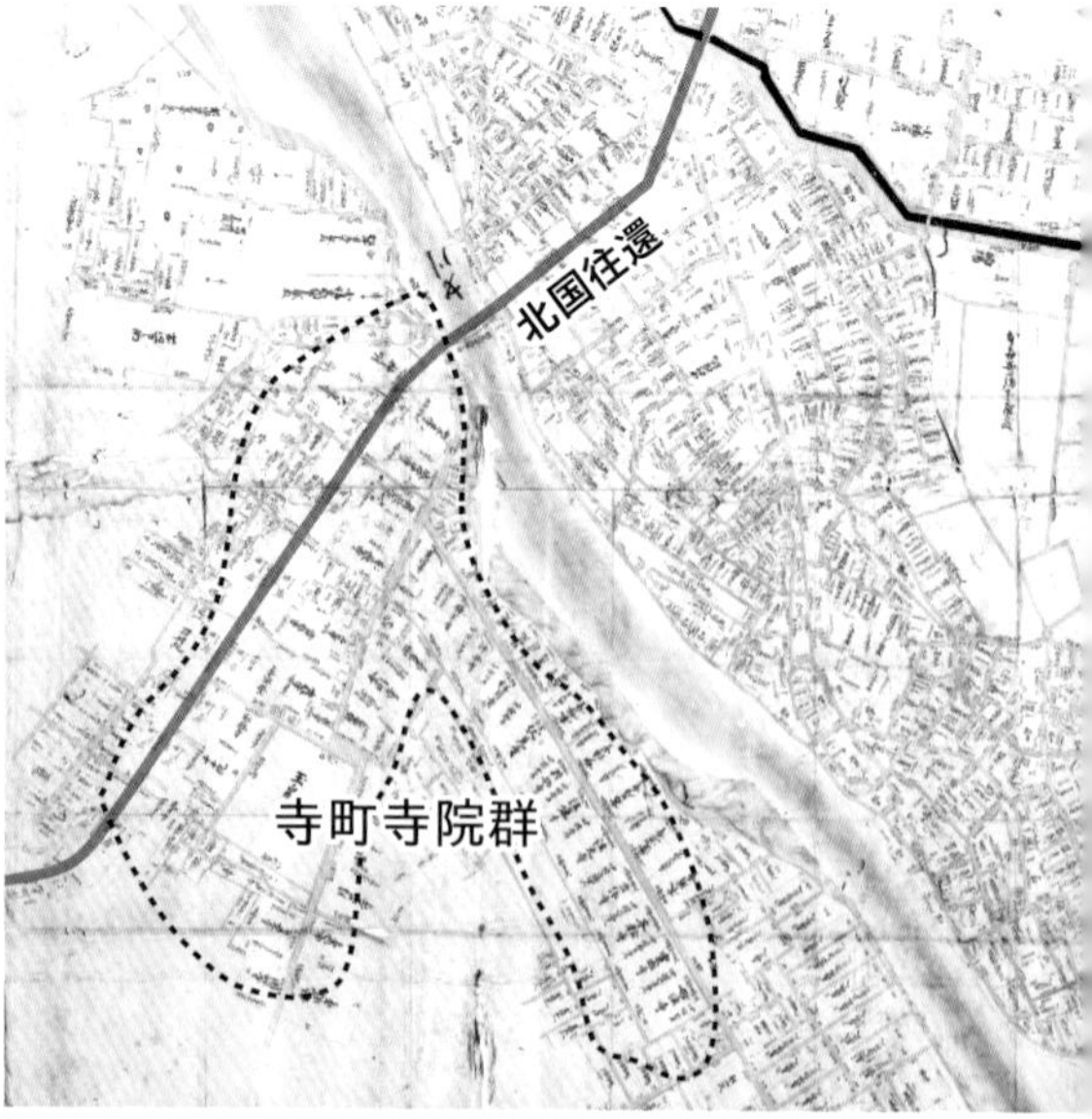

『延宝金沢図』（部分）　国内では最大クラスの大型城下絵図。寺町寺院群付近を抜粋。（石川県立図書館蔵）

延宝年間（1673～81）につくられた『延宝金沢図』には今と変わらない寺院群の姿が詳細に描かれています。道幅は拡幅されたものの、町割りには今も当時の面影が残っています。寺町寺院群を通る主要道は2つあり、1つは蛤坂《はまぐりざか》から南へ延びる「鶴来《つるぎ》街道」、

もう1つはその鶴来街道から野田山方面へ分岐する「野田道」（現在の寺町通り）です。2本の主要道のうち、まずは蛤坂を通って鶴来街道沿いの泉寺町《いずみてらまち》（旧町名）を歩きながら町の様子を見ていきます。

鶴来街道　通りを見るだけでは寺院群であることはわかりにくい。

火災で開いた「蛤坂」

「蛤坂」は、江戸時代前期には妙慶寺《みょうけいじ》坂といいました。蛤坂と呼ばれるようになった理由は、一説によれば、元禄時代の崖崩れが原因で長く通行止めになっていたところ、享保18年（1733）の火災のおり、逃げ道として通過できるよう藩が動いたからと伝えています。「火がついて口が開いた」ということから、蛤が連想されたようです。珍しい由来のようですが、京都御所の蛤《はまぐり》御門《ごもん》も、天明の大火がきっかけでその名がついたともいわれるので、江戸時代の人々にとって「火がついて開くもの」といえば、「蛤」だったのかもしれません。

　現在も坂の入口には「妙慶寺」があります。妙慶寺が建立されたのは元和元年（1615）のことでした。前田利家の家臣・松平康定が越中（現在の富山県）にあった寺を移したのが始まりで、先述の享保の火災でも焼けなかったことから、天狗《てんぐ》に守られたという言い伝えが生まれました。蛤坂のスタート地点が鶴来街道の起点です。

城下最大の「六斗の広見」

　蛤坂を抜け、寺町通り（旧野田道）を横切り直進すると、鶴来街道が続きます。この泉寺町と呼ばれる寺院群では、通り沿いに土塀が見られず、細い路地の奥に寺院が連続します。これは、江戸後半から明治にかけ、寺院が通り沿いの土地を町人に貸したり譲渡したためといわれています。

大通りからおよそ100メートルのところに建つのが「妙立寺《みょうりゅうじ》」で、寛永20年（1643）に建立された法華宗寺院です。金沢城の出城だったとの逸話があり、「忍者寺」という別名で知られ、観光客でにぎわっています。

妙立寺　寺町寺院群きっての観光名所として知られる。堂内を拝観するには予約が必要。●北陸鉄道バス「広小路」バス停より／金沢市野町1-2-12

『奥の細道』によれば、俳聖・松尾芭蕉が曽良《そら》を伴って金沢を訪れたのは元禄2年（1689）のことでした。芭蕉も寺院が並ぶ風景を目にしたはずです。寺町には芭蕉の句碑がいくつも建てられており、寺町の入口にある「本長寺《ほんちょうじ》」や妙立寺の奥にある「願念寺《がんねんじ》」に句碑があります。

　とくに妙立寺を越えてすぐの小路に入り、道なりに進んだ辺りにある願念寺は、芭蕉の弟子・小杉一笑《いっしょう》の菩提寺です。芭蕉は金沢入りの目的の1つにするほど一笑に会うことを楽しみにしていました。芭蕉が訪れる前年に一笑が亡くなっていたことを金沢で知ります。願念寺の句碑に刻まれている句「つかもうごけ(塚も動け)我泣声《われなきごえ》は秋の風」は、追善句会で弟子を想って芭蕉が詠んだものです。

芭蕉の句碑を探しながら鶴来街道を歩いていき、細い道路の突き当たりを左（東）へ曲がると突如大きな広場が広がります。

願念寺の芭蕉句碑

大きくクランク状になったこの広場は、「六斗《ろくと》の広《ひろ》見《み》」と呼ばれます。広さは約1300平方メートル、火災の多かった江戸時代に延焼を防ぐために設けられた火《ひ》除地《よけち》であり、領内で飢饉があったとき、玉泉寺前の広見は貧民に粥《かゆ》を配るところとしても使われました。

このような広見はひがし茶屋街など金沢城下にいくつも見られます。六斗の広見はそのなかでも最大級です。近代以降は近隣の人々の憩いの場として、また祭り会場などにも利用され、今でも車を停めて休憩する人の姿が見られます。

六斗の広見のすぐ脇にあるのが「玉泉寺《ぎょくせんじ》」です。小さな堂宇が建つだけのひっそりとした境内ですが、織田信長の五女で、前田家2代利長の妻となった玉泉院（永姫）の死後、3代利常が創建した加賀では唯一の時宗寺院です。境内奥の五輪塔が永姫の供養塔といわれています。

六斗の広見 平安末期に六動太郎光景という人物が付近に住んでおり、周囲の森を「六動林」と読んでいたのが転じて「六斗」となったという。

大寺院の風格を感じる「寺町通り」

六斗の広見から龍雲寺前の小路を左（北）へ入ります。街道沿いには見えなかった墓地が集まっていて、信仰に根ざした霊地としての寺町の姿が垣間見えます。霊園の手前で右（南東）に入り、次の十字路を左折（北西）すると伏見寺《ふしみじ》です。

伏見寺は金沢の地名の発祥となった芋掘り藤五郎ゆかりの寺として有名です。本尊は、平安初期につくられた阿弥陀如来像で、国の重要文化財に指定されています。

伏見寺前の道は寺町通りです。寺町通りの寺院群は土塀に囲まれた大寺院が多く、風格ある山門とともに藩政期を思わせる景色が見られます。とくに大円寺から「立像寺《りゅうぞうじ》」「本性寺《ほんしょうじ》」「妙法寺《みょうほうじ》」と旧野田道の南側に並ぶ姿は、堂々とした風格を漂わせています。寺町通りは、野田山にある前田家墓所（現在は金沢市民の墓地公園の奥）へと続いていくので、妙法寺辺りで折り返し、道の北側に渡ります。こちらも「妙福寺《みょうふくじ》」「本因寺《ほんにんじ》」「長久寺《ちょうきゅうじ》」「高岸寺《こうがんじ》」と、立派な寺院が並びます。

寺町通りを野町広小路の交差点まで進み、右折（北）すると犀川大橋に戻ります。なお途中の高岸寺の脇から本多通りの坂を下って桜橋の手前には、眺望のよさで知られる「新桜坂緑地」があります。

伏見寺　創建年は不詳。寺伝では奈良時代に遡るとされる。●北陸鉄道バス「寺町五丁目」バス停より／金沢市寺町5-5-28

大円寺　「人骨地蔵尊」は３代心岩の作。高さ４メートル余の立像。●北陸鉄道バス「寺町五丁目」バス停より／金沢市寺町5-3-3

室生犀星ゆかりの「雨宝院」

スタート地点である犀川大橋南詰、交番の西隣に、坂道に埋まるようにして建つのが「雨宝院《うぼういん》」です。幼い室生犀星が養子として引き取られた寺で、境内には「犀星資料室」があり、初版本や住職宛の手紙などが展示されています。寺を出て北西方面へ少し歩いた先に「室生犀星記念館」もあります。犀星という筆名は、犀川の西にちなむもので、まさに寺町周辺は室生犀星の世界でもあるといえます。

雨宝院の前には「泉用水」があります。たもとに建つ「徳龍寺《とくりゅうじ》」は、金沢生まれの建築家であり、旧野田道沿いに記念館がある谷口吉郎の菩提寺として知られています。その先には、大きなケヤキで知られる野町の「神明宮」、さらに進むと、ひがし茶屋街（100ページ）と同時期に公許された「にし茶屋街」が見えてきます。

雨宝院　北西近くに室生犀星記念館があり、一緒に訪れる人も多い。
●北陸鉄道バス「広小路」バス停より／金沢市千日町1-3

泉用水　取水は犀川、にし茶屋街のほうへ流れていく。

歩く通りによって趣を変える寺町寺院群ですが、地域のほとんどが国の重要伝統的建造物群保存地区に選定されています。加えて、毎週土曜、18時には一帯の多くの寺院で鐘がつかれ、よそではあまり体感できない風情を味わうことができます。

にし茶屋街　明治13年（1880）の火災で一帯が焼失し、その後復興された。

こうして歩いてみると、大寺院が並びつつも、町人地との境目が曖昧になっていることが感じられます。城下町の外縁部が都市化していき、階層の住み分けが曖昧になる現象はしばしば見られます。金沢はとくにこの傾向が顕著に現れた例といえます。

前田家ゆかりの寺院が点在、「天徳院」と小立野台地

珠姫への想いが詰まった「天徳院」

北陸鉄道バス「天徳院《てんとくいん》前」バス停で下車し、小立野通りを北西に向かうと、右手（東）に「天徳院」の参道が延びています。３代藩主前田利常の正室であった珠姫の菩提寺です。珠姫は2代将軍徳川秀忠の娘であり、徳川家康の孫にあたります。珠姫が前田家に嫁入りしたのは関ケ原の戦いの後の慶長6年（１６０１）、利常が数え年で9歳、珠姫はわずか3歳のときです。前田家からは利家の正室であった芳春院が江戸に置かれたままで、人質交換の政略結婚でした。ただし夫婦仲は円満で、珠姫は慶長18年（１６１３）に長女を出産後、10年ほどで3男5女をもうけています。ところが、元和8年（１６２２）に5女夏姫を出産すると、珠姫は体調を崩し24歳の若さでこの世を去りました。

天徳院　4代藩主光高も一時この寺に葬られたが、のちに改葬された。●北陸鉄道バス「天徳院前」バス停より／金沢市小立野4-4-4

利常は元和9年（１６２３）、小立野に4万坪（約13万平方メートル）もの敷地を定め、珠姫の菩提を弔う寺院を建立します。この寺院の呼び名でもある天徳院とは、珠姫の法号です。

元禄6年（１６９３）には5代藩主綱紀が祖母のため大改修を行いますが、明和5年（１７６８）、本堂や講堂は焼失しました。10代藩主重教《しげみち》は、火災の翌年から、わずかな期間で伽藍を再建しています。前田家にとって、珠姫はそれだけ重要な存在だったといえます。現在、二重門になっている山門だけは、元禄の改修時の姿を残しています。

山門をくぐると中庭があり、正面が本堂、左手が鎮守堂です。右側の廊下入口から、本堂を拝観することもできます。

生母をしのぶ「如来寺」と「経王寺」

天徳院を出て小立野通りに戻り前田家ゆかりの寺々を見ていきます。道路脇に注意すると辰巳用水の流れに気づきます。この用水路は、天徳院の手前で直角に折れ、小立野通りを横切って直進し、50メートルほどで再び直角に折れます。寛永9年（1632）に辰巳用水がつくられたとき、天徳院の寺領を避けるため、ジグザグに水路が引かれたわけです。かつてはこの水路までが、天徳院の境内でした。

小立野四丁目交差点で右（北東）に折れると「如来寺《にょらいじ》」の参道に続きます。こちらは天正年間（1573〜92）に越中（現在の富山県）で創建されましたが、寛文2年（1662）に現在地に移されました。5代藩主綱紀の生母・清泰院《せいたいいん》の位牌を置

天徳院横の辰巳用水 小立野台地を兼六園まで直線に走る辰巳用水だが、この場所だけは天徳院を避けてジグザグに走っている。

く寺ですが、歴代の徳川将軍の位牌も置かれます。清泰院は、徳川御三家水戸頼房《よりふさ》の娘であり、3代将軍家光の養女となり、4代前田光高に輿入れした徳川家の姫君ですが、ずっと江戸にいました。清泰院の没後、如来寺は「加賀の増上寺」とも呼ばれました。一時火災で焼失しますが、文化10年（1813）に再建され、現在は金沢市指定有形文化財になっています。

如来寺の北隣には「経王寺《きょうおうじ》」があります。こちらは、3代藩主利常の生母である寿福院《じゅふくいん》の創設です。寛永8年（1631）に、寿福院が人質先の江戸で亡くなり、経王寺で葬儀が行われましたが、直後の大火で焼失しています。その後、寿福院の17回忌にあたる正保4年（1647）に現在地にて再建されました。加賀騒動で自害に追い込まれた、真如院《しんにょいん》の墓もあります。

寿福院は日蓮宗を信仰していたため、経王寺は日蓮宗の有力寺院でした。一方で隣の如来寺は浄土宗、天徳院は曹洞宗です。宗派の違う寺院が共存しています。

如来寺　清泰院は徳川家康の孫。徳川家光の養女・大姫として前田家に嫁いだ。●北陸鉄道バス「如来寺前」バス停より／金沢市小立野5-1-15

経王寺　如来寺のすぐ北隣にある。寿福院は人質として江戸にあったが、死後遺灰が運ばれ葬儀が行われた。●北陸鉄道バス「如来寺前」バス停より／金沢市小立野5-9-2

「金沢大学付属病院」前の寺院群

経王寺の目の前の大通りを渡り、石引一丁目北交差点で右手（北西）の道に入ると、「金沢大学付属病院」が右手（北東）に見えてきます。小立野通りからこの辺りにかけて、江戸時代には藩士の住居が軒を連ねていました。ちなみに、金沢大学付属病院は、藩の種痘所として開設されたのが始まりで、現在の場所に移されたのは明治38年（1905）のことです。

金沢大学付属病院前の通りと、小立野通りの間に寺院が並びます。2本目の道を南西へ入ると真宗大谷派の「善徳寺《ぜんとくじ》」です。寺伝によれば、慶安3年（1650）、材木町に越中城端《じょうはな》の有力真宗寺院、善徳寺の支坊（掛所《かけしょ》）として、金沢城下の門徒たちのため創建されましたが、万治2年（1659）、利常により現在地に移されたといいます。善徳寺の北西近くにある「等願寺《とうがんじ》」も、真宗大谷派寺院です。

金沢大学付属病院前の通りへ戻り、正門を通過すると、左手に見えるのが「仰西寺《ごうさいじ》」です。寺伝では創建は奈良時代で、白山を開いた泰澄《たいちょう》大師により建立されたといいます。最初は天台宗、その後念仏宗とし、正応3年（1290）から浄土真宗に改宗しました。現在地に移ったのは万治2年（1659）です。その先にあるのも真宗大谷派の「乗円寺《じょうえんじ》」で、ここも浄土真宗です。金沢城下の町人たちの90％は真宗門徒、なかでも真宗大谷派が多数を占めていました。

金沢大学付属病院　武家屋敷跡が明治維新後に新政府に接収され、その後大学病院となった。●北陸鉄道バス「金沢大学付属病院」バス停より／石川県金沢市宝町13-1

「宝円寺」は前田家の菩提寺

金沢大学付属病院の西端まで来たら、丁字路を右折（北東）します。少し歩くと案内板が見えるので、左（北西）に折れて100メートルほどで「宝円寺《ほうえんじ》」に到着します。

宝円寺は、利家が創建した曹洞宗の寺院です。利家が越前府中（現在の福井県越前市）にあったときに大《だい》

宝円寺　前田家にとって重要な寺。歴代藩主の位牌のほか、江戸初期の絵師・俵屋宗達の墓もある。●北陸鉄道バス「石引町」バス停より／金沢市宝町6-14

透圭徐禅師《とうけいじょ》に帰依し、能登に入国後、和尚を迎えて七尾に宝円寺（現在は長齢寺）を開きます。利家が金沢に移った天正11年（1583）、寺も一緒に金沢へ移りました。もともとは兼六園の内部の石川門の向かい側に置かれていましたが、元和5年（1619）に現在地に落ち着きました。

宝円寺は前田家の菩提寺として、歴代藩主とその一族の位牌が安置されています。隣の御影堂《みえいどう》と御髪堂《みぐしどう》は、利家が伏見で徳川家康と会談する前に、死を覚悟して埋めた自画像と髪が納められています。宝円寺の東側にある瑞雲寺《ずいうんじ》も、曹洞宗の寺院です。

「馬坂」から広がる絶景

宝円寺から案内板まで戻り、今度は馬坂への案内に従って北へ向かいます。丁字路の正面に建つ「高源《こうげん》院《いん》」は、利家の娘の福姫の戒名にちなんでいます。小さな寺ですが、金沢西国観音巡礼の29番の霊場として知られます。毎年7月1日には、無病息災を願って膝に灸《きゅう》をすえる「一ツ灸」が執り行われます。

その東隣は利家の孫娘にあたる献珠院をまつった「献珠寺《けんじゅじ》」です。元禄時代に京都の妙心寺から住職を招いており、現在は臨済宗の寺院です。

高源院前で左（北西）に曲がると細い下り坂が続いていますが、これが「馬坂」です。小立野台地には八坂や木曽坂をはじめ、二十人坂、嫁坂など、台地下の町人街とを結んだ坂がいくつも残っています。馬坂はその昔、田井村の農民が馬を引いて上ったことから名づけられたといいます。標高差は25メートル、総延長

馬坂　馬を連れて上るにもかなり急な坂。階段と足場が設けられており、途中に石碑、不動尊がある。上写真は馬坂からの景色。●北陸鉄道バス「石引町」バス停より／金沢市扇町5-21

は180メートルほどで、途中に6か所の曲がり角があるため「六曲り坂」とも呼ばれたといいます。

坂の中ほどには、不動尊の小さな社《やしろ》が鎮座しています。また、この坂の上から浅野川方向を見ると、川向かいの卯辰山まで見通すことができます。

庶民の材木町通りから「椿原天満宮」

椿原天満宮　前田家の祈禱所となり、田井天満宮と称されたが、現在地に移転して椿原天満宮となった。●北陸鉄道バス「田井町」「桜町」バス停より／金沢市天神町1-1-13

馬坂を下りきると、「材木町通り」に出ます。かつては「天神町」と呼ばれ、桶屋、鍛冶屋、髪結い、塩屋などの商家が並んでいました。今でも古い城下町の風情が感じられる庶民的な通りです。

この材木町通りを西に進むと八坂下の寺院群となりますが、右（東）に400メートルほど歩くと、天神町の由来となった「椿原《つばきはら》天満宮」に着きます。社伝によれば、永仁5年（1297）に京都の北野天満宮から勧請し、寛永年間（1624〜44）に椿原山と呼ばれた現在の場所に移ってきたといいます。天満宮が置かれる前は、一揆の砦《とりで》だったと考えられています。天満宮の脇には強固に石垣が組まれており、金沢城の前身である、金沢御堂の支城的な役割を負ったのかもしれません。

天満宮の脇の上り坂を天神坂といいます。この坂を上っていくと、小立野トンネルを超えて金沢美術工芸大学前に出ます。さらに進むと、金沢大学付属病院の敷地を一周した形で、経王寺と如来寺に戻ります。

天徳院と宝円寺、つまり前田家にとって最重要の菩提寺を歩きました。浄土真宗が強い金沢ではありますが、前田家を中心とした上級武士たちの大部分は曹洞宗を信仰しており、菩提寺はどちらも曹洞宗です。その妻たちはまた別の宗派を信仰し、安産祈願などの祈禱では別宗派の寺院を崇敬している例も見られます。防衛面を強調されがちな寺院群ですが、信仰的にも重要な場所であることが感じられます。

石と浄土真宗の町、利常が再興した「小松」

前田利常が隠居城として整備した小松城。かつて小松城を中心に栄えた加賀藩第２の都市にも、江戸時代の遺構が多く残る。

本丸櫓台石垣

前田利常隠居の地となり都市小松の基礎が固まる

小松市の歴史は古く、弥生時代の碧玉《へきぎょく》に端緒が見られる石の加工技術は、「石の文化」として日本遺産にもなっています。海に出れば源義経と弁慶の関所抜けで有名な歌舞伎演目「勧進帳《かんじんちょう》」の舞台となった「安宅《あたか》の関《せき》」があり、毎年5月のお旅《たび》まつりでは、日本三大子供歌舞伎に数えられる「曳山《ひきやま》子供歌舞伎」も上演されています。そんな小松の中心が、加賀藩の礎

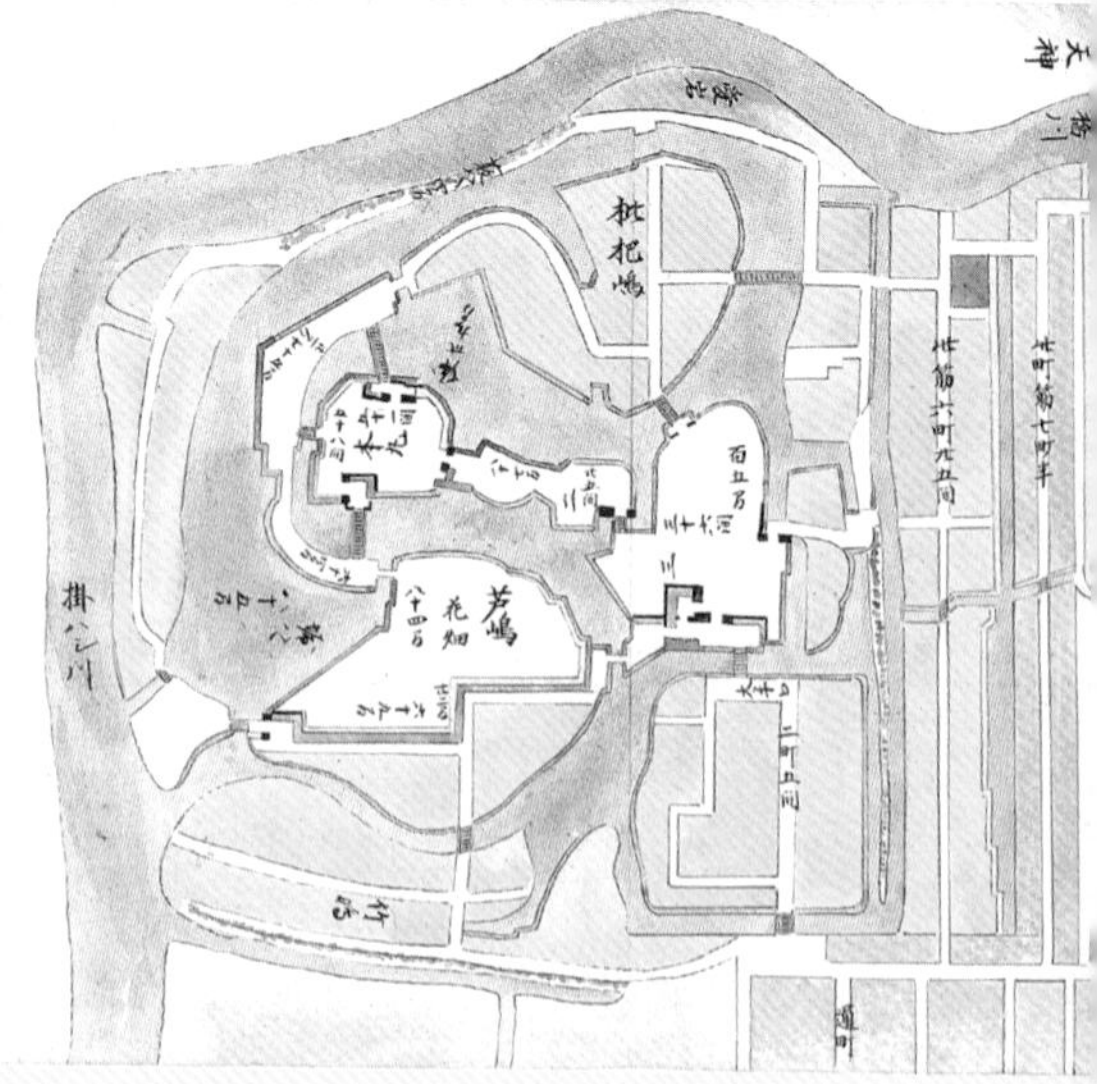

『加州小松城図』　元禄5年（1692）頃にまとめられた『諸国居城之図集』の一部。（金沢市立玉川図書館蔵）

を築いた3代藩主前田利常が晩年に暮らした「小松城」です。

小松城の存在を見つけることのできる最古の確かな史料は、天正11年（1583）4月の前田利家の書状です。賤ケ岳合戦のあと、加賀に攻め入った利家が、柴田方の武将から小松城を請け取ったとあります。その後、利家は金沢城主となり、小松城は丹羽《にわ》長秀《ながひで》の与力・村上頼勝に引き渡されました。

慶長5年（1600）の関ケ原の戦いでは、小松城主だった丹羽長重が、前田家と敵対したのちに和睦しました。戦後、家康は丹羽の敵対行動を許さず改易し、2代前田利長に小松を含む南加賀2郡を与えます。この結果、前田家は3か国12郡120万石の大大名となったのです。

前田利常像　現在の銅像は昭和41年(1966)に再建されたもの。

のちの3代藩主利常は、この頃、人質となり、幼少期を小松で過ごしました。重臣前田長種《ながたね》から薫陶を受けた、思い出の城だったといえます。慶長20年／元和元年（1615）の一国一城令で、小松城が廃城になったのかは明確ではありませんが、寛永16年（1639）に隠居した利常は、幕府から許可を受け、新たに小松城を築きました。元の小松城が現在の小松城跡と同じ場所にあったのかは定かではありませんが、多少のズレはあったとしても、そう離れてはいない場所に、隠居城が築かれたとみられています。

城下町の中心部に真宗中心の寺院群

JR小松駅から小松城へと向かう町並みは、かつての城下町です。利常は隠居が認められるとすぐに家臣を小松に派遣し、城の普請とそれに伴う町の整備を進めさせました。職人や商人が集まっていたことも、三日市町・八日市町・材木町・細工町といった現在に続く地名からしのばれます。

また、旧北国街道沿いに町並みを見ていくと、町の中心部近くに寺院が集まっていることに気づきます。利常が農村部などにあった寺院の城下町移住を認めたことで誕生した寺院群です。宗派はまちまちですが、浄土真宗が目立ちます。もともと小松は浄土真宗と縁が深い土地で、戦国時代の史料に見える小松の「城」は一向一揆の拠点であった可能性が高いと考えられています。浄土真宗門徒が小松に集まり、真宗寺院が集められたことで、町人を中心とした文化が発展してきました。

駅から歩いて20分ほどで「芦城《ろじょう》公園」が見えてきます。かつての小松城三の丸跡です。利常の小松城は、北を流れる梯川《かけはしがわ》から水を引き、堀に囲まれた島々を曲輪としていました。それぞれの曲輪を橋でつなぐ水上の城だったため、「浮城《うきしろ》」とも呼ばれました。総面積は金沢城の倍近い約56万平方メートルに及びます。

先進的な技術も取り込んだ「石の文化」を伝える石垣

小松城の城跡は、明治時代に城が取り壊されたあと一部が民間に払い下げられますが、城の面影を残したいという市民の声に応えて、「芦城公園」として整備されました。芦城は小松城の別名です。公園の中央に前田利常の銅像が設置されており、園内には緑が多く、池や丘陵が設けられています。公園の周囲には小松市役所、市立図書館、裁判所、美術館などの施設が立ち並び、小松市の官庁街となっています。

本丸櫓台の石垣には、モザイク状に色の異なる石材が配されている。

内堀の石垣跡　現在は公園内にある二の丸につながる内堀の石垣も、数少ない遺構。

かつての二の丸は、大部分が石川県立小松高校の敷地となっています。運動場西隅の遊歩道の中ほどに、本丸跡の石碑が立ちます。そして、運動場の端まで歩くと見えてくるのが、約20メートル四方の本丸櫓台石垣です。

この石垣台は天守台とも呼ばれ、往年の小松城の姿を唯一残している遺構です。石は小松の凝灰岩のほか、金沢城と同じ戸室《とむろ》石も使われています。切込ハギの工法により、直線的に切り出した石を隙間なく積み上げ、ほぼ垂直に立ち上げているのが特徴です。小松の「石の文化」を代表する一例です。

石垣の上には楼閣風の三階櫓が建てられていたといいます。本丸には御殿も築かれており、明治まで存続しました。

小松城の石垣の石材産地は、梯川支流の鵜川《うかわ》や蓮代《れんだい》寺《じ》などがあり、石工技術の発展につながりました。

さらなる発展を目指す 文化と産業と信仰の町

天守台の石垣から北に向かうと梯川に出ます。川沿いに東へ進むと、川の中洲に「小松天満宮」が見えてきます。前田利常は菅原道真を祖としたので、京都北野天満宮から能順を招き、城の鎮護として明暦3年（1657）に創建されました。河原の土手下には、かつて小松城内の葭島《よしじま》にあった稲荷社を移転させた葭島神社もあります。さらに東に行くと来生寺《らいしょうじ》に着きます。この来生寺の門は、枇杷《びわ》島（曲輪の1つ）とつながる鰻橋《うなぎばし》にあった二の丸の門を移築したものです。

利常は千宗室《せんのそうしつ》（仙叟《せんそう》）のような茶人を招き、大坂城や江戸城の設計で知られる小堀遠州《こぼりえんしゅう》などの助力も得ながら風流な庭園をつくりました。隠居の地ではありましたが、嫡子の光高が早逝したため、孫の綱紀の後見人として小松城から藩政を取り仕切りました。利常が健在な間、加賀藩の中心は小松にあったともいえます。

小松天満宮　水に浮かんでいるかのようなつくり。連歌の名人・能順を招いて創建。

Part 3 加賀金沢の文化探訪

鼠多門のライトアップ

加賀金沢の食文化

300年続く金沢の台所「近江町市場」

　現在、金沢きっての観光地でもある**近江町市場**は、享保年間（1716〜36）に加賀藩が市を集めたのがその始まりといわれています。江戸時代は藩が管理する市場でしたが、明治に入ると卸しから小売りまでさまざまな形態の店が出店するようになり、庶民から料亭まで、地元の食を支える市場として発展していきました。

近江町市場　●北陸鉄道バス「武蔵ケ辻・近江町市場」バス停より／金沢市上近江町50

　金沢の冬の味覚といえばカニです。毎年11月6日にカニ漁が解禁され、それに合わせて行われる「カニまつり」を皮切りに、市場の店頭が赤く染まります。金沢では、ズワイガニのオスを「加能《かのう》ガニ」、メスを「香箱《こうばこ》ガニ」と呼びます。香箱ガニは加能ガニに比べると小さいですが、身が甘く、内子や濃厚な味噌を味わえるのが特徴で、最近では全国的に知られ、地元以外でも人気があります。

　近江町市場では加賀の珍味もたくさん味わえます。たとえば、初冬に最盛期を迎えるブリの塩漬けをカブの塩漬けで挟み、米麹で漬け込んだ**かぶらずし**は、金沢の伝統的な発酵食品です。加賀藩から将軍家への贈答品としても用いられた高級魚のブリを、なんとかして食べたいと考えた庶民が、カブでブリを挟み隠して

かぶらずし

食べたのが始まりとされます。このかぶらずしと並ぶ発酵食品に**大根ずし**があります。これはニシンと大根を麹で漬け込んだもので、材料が庶民でも調達しやすいことから家庭料理として広まりました。

そのほか、糠漬けしたコンカイワシや、フグの卵巣の糠漬けなどが有名です。これらはもともと北前船によって運ばれたニシンを糠に漬けて保存したのが始まりだといわれています。

北前船はさまざまな食文化を生み出しました。かつて宮腰《みやのこし》と呼ばれた金石《かないわ》や大野町《おおのまち》の辺りは日本の五大醤油生産地の1つに数えられ、この大野の醤油も北前船に乗って広く各地に知られることとなりました。

山と海の幸に恵まれた加賀国

加賀には「おとこ川」と呼ばれる犀川、「おんな川」と呼ばれる浅野川が流れています。この急流が白山方面から雪解け水を運ぶため、川魚がおいしくなるといわれていますが、そのなかでも**ゴリ**が有名です。金沢では、カジカ科のカジカ（マゴリ）とハゼ科のゴリ（ウキゴリ）、どちらもゴリと呼びます。前者は素揚げや塩焼き、ゴリ汁として、後者は佃煮として食するのが一般的です。ゴリは加賀藩時代にも重宝された食材で、2人1組で行う「ゴリ押し」という道具を使った漁は、金沢の風物詩となっていました。現在は環境の変化に伴い漁獲量も減ったため、とくにマゴリは貴重な食材になっています。

また、川の流れがつくり出す多様な地形は、さまざまな**加賀野菜**を生み出しました。昭和20年（1945）以前からおもに金沢で栽培されている野菜のことで、15品目が認定されています。元禄時代に薩摩国（現在の鹿児島県西部）から伝えられたというサツマイモもその1つで、金沢市五郎島で生産される五郎島金時は、加賀野菜のなかでもとくに有名です。そのほか、江戸時代から栽培されている金時草《きんじそう》、加賀レンコン、加賀太キュウリなどがあります。

加賀野菜も並ぶ青果店

歴史を彩る郷土料理

加賀の郷土料理の代表格は**治部煮**《じぶに》です。藩政期から伝わるもので、鴨などの鳥肉に小麦粉をまぶし、シイタケやタケノコ、すだれ麩《ふ》などとともに炊き合わせた料理で、とろみのついた煮汁にわさびを溶かしながら食べます。もとは武家料理だといわれていますが、その発祥はキリシタン大名・高山右近が宣教師から教わった、豊臣秀吉の兵糧奉行・岡部治部右衛門が朝鮮から伝えたなど諸説あります。現在も家庭料理として親しまれているほか、金沢の料亭や割烹でも供されます。

先述の加賀レンコンを使った**はす蒸し**も、古くから食べられている郷土料理の1つです。加賀レンコンをすりおろし、具材を加えて混ぜた蒸し物ですが、「餅レンコン」とも呼ばれる加賀レンコンの粘り気を生かしつなぎを使わず蒸しあげるので、もっちりとした食感が楽しめます。

治部煮

茶の湯が育んだ加賀銘菓

藩祖の時代から茶の湯が盛んだった加賀では、茶の湯に欠かせない和菓子づくりも盛んです。京都、松江と並ぶ三大和菓子処として知られています。

加賀銘菓の代表は**落雁**《らくがん》です。原料はもち米で、米を水に漬け、蒸して乾燥したものを挽いて炒ってつくられます。茶菓子にする際は、このもち米の粉に砂糖や水飴を混ぜて木型で押し固められます。

落雁といえば、現在も尾張町で営業を続けている「森八《もりはち》」が老舗《しにせ》として知られています。森八の「長生《ちょうせい》殿《でん》」は、3代藩主利常の創案で小堀遠州の篆刻《てんこく》を意匠にした落雁といわれていますが、その成り立ちには諸説あります。また、嘉永2年（1849）創業の「諸《もろ》江屋《えや》」も有名で、なかでも「生らくがん」は諸江屋を代表する銘菓です。通常の落雁と比べて、しっとりとやわらかいのが特徴です。

慶長6年（1601）に江戸幕府2代将軍・徳川秀忠の娘である珠姫が前田利常に輿入れしました。その際、御用菓子司の樫田吉蔵が森羅万象の日、月、山、海、里を表す5色の餅を献上したとされるのが、**五色生菓子**です。現在も、金沢では婚礼時の祝い菓子として広く知られています。

　新しい年を寿《ことほ》ぐ**福梅**は、藩政期後期から伝わる祝い菓子で、梅の形は前田家の家紋である剣梅鉢《けんうめばち》にちなんでいます。梅の花をかたどった紅白のモナカに、米飴を加えて炊いたあんこがたっぷり入っており、紅白を添えて贈答品に用いられています。

　金沢の雛祭りに欠かせないのは**金花糖**です。タイや野菜などの山海の幸をかたどった木型に煮溶かした砂糖を流し込み、徐々に冷やし固めながら仕上げます。中央が空洞になっているのが藩政期からの伝統の技術です。13代藩主斉泰《なりやす》へ献上したのが始まりといわれ、森八本店に併設されている「金沢菓子木型美術館」でその木型を見ることができます。

　金沢には、落雁や生菓子を抹茶とともに楽しめる場所が現在もたくさんあります。兼六園には藩政期の茶室を復元した時雨亭《しぐれてい》がありますが、年末年始以外は、毎日オリジナルの上生菓子とともに呈茶を受けることができます。

森八本店　寛永2年(1625)創業。落雁手づくり体験ができる。(森八提供)●北陸鉄道バス「橋場町」バス停より／金沢市大手町10-15

長生殿　森八を代表する銘菓。蜜を乾燥させない柔らかな落雁で、茶会などではその珍しさから喜ばれたとされる。(森八提供)

落雁諸江屋本店　(落雁諸江屋提供)●北陸鉄道バス「野町」バス停より／金沢市野町1-3-59

生らくがん「方丈菓子」　創業当時より受け継がれる伝承銘菓。生らくがんは、この方丈菓子を含めた5種類が通年商品として取り扱われている。(落雁諸江屋提供)

加賀金沢の芸能・芸術

「武士のたしなみ」から醸成された能楽

16世紀、前田利家は豊臣秀吉の影響を受け、熱心に能楽に取り組んだという記録が残されています。利家の時代、加賀藩の能楽は秀吉の影響で金春流《こんぱるりゅう》でしたが、5代綱紀《つなのり》が当時の将軍・徳川綱吉にならって宝生流《ほうしょうりゅう》に改めてからは、「加賀宝生」と呼ばれ、広く町人までが謡《うたい》を楽しむようになりました。屋根屋や植木屋までが小謡《こうたい》を口ずさむので、当時の金沢は「高所《たか》から謡が降《ふ》ってくる」ともいわれたようです。

江戸時代の終焉とともに加賀宝生も衰退しますが、明治時代に入って、商人である佐野吉之助が加賀藩最後のお抱え能楽師に師事し、伝統を継承します。さらに私財を投じて能楽堂を建設するなど、復興に尽力します。この初代佐野吉之助による能楽堂「佐野舞台」は取り壊されて、昭和7年（1932）に再建された「金沢能楽堂」に引き継がれ、戦後、石川県に寄贈されました。現在でも佐野吉之助が発足させた金沢能楽会が石川県立能楽堂などで毎月公演を行っています。

石川県立能楽堂　昭和47年（1972）、公立として日本初の能楽堂で、総檜造の本舞台は昭和7年（1932）に建てられた金沢能楽堂の舞台を移築したもの。（石川県立能楽堂提供）●北陸鉄道バス「出羽町」「広坂・21世紀美術館」バス停より／金沢市石引4-18-3

加賀を代表する2つの焼き物

能楽と同様に、茶の湯文化も江戸時代半ばには裾野を広げていきました。前田利家とその息子は千利休に直接手ほどきを受けており、また3代利常も嫡男・光高とともに小堀遠州《こぼりえんしゅう》に師事していました。加賀藩が能楽とともに茶の湯を奨励すると、しだいに町人にまで広がり、19世紀には富裕層の町人らの間で茶事・茶会が頻繁に行われていたようです。

茶の湯は日本の総合芸術ともいわれるほど、さまざまな工芸品も生み出しています。金沢において茶の湯と関わりの深い焼き物に**大樋焼**《おおひやき》があります。

大樋焼は千家十職《せんけじっしょく》の茶碗師・楽家《らくけ》による楽焼《らくやき》がルーツで、茶の湯に傾倒した5代綱紀が京都から千宗《せんのそう》室《しつ》仙叟《せんそう》を招いた際に同行した土師長左衛門《はじちょうざえもん》（のちの大樋長左衛門）が金沢・大樋村に楽焼の窯を開いたことに始まります。大樋焼はろくろを使わずに手とヘラだけでつくられ、ねっとりとした飴色の釉薬《ゆうやく》が特徴です。

九谷茶碗まつり　九谷焼の生産地の中心である能美市の久谷陶芸村で例年ゴールデンウィークに開催される。高級な九谷焼が手頃な価格で手に入るだけでなく、参加型の絵つけ体験も。（石川県陶磁器商工業協同組合事務局提供）

一方、加賀の名産品の1つとして知られるのは**九谷**《くたに》**焼**《やき》で、5色の釉薬を使った鮮やかな色絵が特徴です。文化4年（1807）、加賀藩は京都から青木木米《もくべい》という陶工を招き、現在の卯辰《うたつ》山の一角に春日山窯を開かせました。これをきっかけに若杉窯、吉田屋窯が開かれ、この3つの窯元が現在の九谷焼の基礎をつくったといわれています。

九谷焼について知りたいときは、小松市を訪ねるとよいでしょう。3代利常が隠居のために移り住んだ土地で、春日山窯に端を発して開かれた江戸時代後期の窯が今でも残されているほか、人間国宝である3代徳《と》田《く》八十吉《だやそきち》の作品なども見ることができます。

加賀の伝統工芸品と、それに欠かせない金沢箔

加賀藩の工芸の完成期は5代綱紀の時代です。伝統文化の継承のために工芸品が収集されました。2000点を超えるさまざまな工芸品が集められ、それらは「百工比照《ひゃっこうひしょう》」と呼ばれています。加賀藩の工芸は藩政の崩壊によって一時失速しましたが、県などの保護に

金沢箔を使った金箔工芸品（金沢市提供）

より、今なお伝統を守っています。2代利長による装剣技術の開発が起源とされる**加賀象嵌《ぞうがん》**や、加賀蒔絵《まきえ》としても有名な**金沢漆器**、京友禅に対して色彩の鮮やかさが特徴の**加賀友禅**などは、金沢城内で武具などの管理や修理を行っていた御細工所《おさいくしょ》という工房の伝統を受け継いだものといえます。

これらの工芸に欠かせないのが**金沢箔《はく》**です。現在でも国内の金箔の99％が金沢産だといわれており、工芸品のみならず、街を歩けば金箔があしらわれている食べ物にも出会うことができます。

文禄5年（1596）に藩祖利家が金箔と銀箔の製造を豊臣秀吉から命じられているため、それ以前より加賀で箔の製造は行われていたとされます。しかし、元禄9年（1696）に幕府によって江戸・京都以外での箔製造が禁じられ、金沢での箔打ちはいったん途絶えたと考えられます。

文化5年（1808）、金沢城二の丸再建のため一度金箔づくりは再開されますが、その後もまだ箔の統制は継続し、元治元年（1864）に統制が解けると復興、しだいに市場を独占するようになりました。

近代文学史に名を連ねる「金沢三文豪」

元禄2年（1689）、俳聖・松尾芭蕉が曽良《そら》を伴って金沢入りをして以来、金沢で**蕉風《しょうふう》俳諧**が大流行します。芭蕉の没後は、芭蕉の門人で金沢にも拠点を置いていた各務支考《かがみしこう》や和田希因《わだきいん》らを中心に蕉風がさらに広がり、天保期以降、金沢では俳諧人口が増加します。当時の中心は桜井梅室《さくらいばいしつ》で、五摂家の1つである二条家から俳諧指導者の最高権威である「花《はな》の本《もと》（下）の宗匠《そうしょう》」の称号も受けた人物です。

時代は下って、金沢を代表する作家・室生犀星《むろうさいせい》は俳句から詩に進み、泉鏡花も生涯にわたって俳句を続けました。俳諧は、金沢の文壇にとって大きな存在だと考えられます。この2人に小説家・徳田秋声《とくだしゅうせい》を加えた3人は、**金沢三文豪**と呼ばれ、近代文学史に名を連ねています。

金沢には三文豪の作品に登場したゆかりの地が多く存在します。また、鏡花が好んで散策したという浅野川近辺の一角には「泉鏡花記念館」が、千日町の犀星の生家跡には「室生犀星記念館」が、秋声が幼少期を過ごした浅野川に架かる梅ノ橋のたもとには「徳田秋声記念館」があります。

金沢城と城下町を舞台とした小説作品紹介

・泉鏡花

『義血侠血』（『泉鏡花〈観念・人世〉傑作選』に現代語訳あり）

明治27年（1894）に師である尾崎紅葉の修正を経て発表された泉鏡花の出世作で、水芸太夫の滝の白糸と法律家を目指す青年の悲恋の物語。法曹を目指す恋人のために罪を犯してまで仕送りを続けた白糸が、法廷で出会ったのは恋人その人だった——。『滝の白糸』の題で、昭和31年（1956）までに六度映画化され、舞台化やオペラ、ドラマにもなっている。

・室生犀星

『性に眼覚める頃』（角川文庫ほか）

室生犀星の初期三部作の1つ。大正8年（1919）に雑誌『中央公論』に発表され、寺町の雨宝院《うぼういん》（128ページ）で育った青少年の性の目覚めと葛藤を描いた自伝的青春小説。犀星が幼少期を過ごした雨宝院の前には、現在、この本の文学碑が立てられている。

・五木寛之

『金沢あかり坂』（文春文庫）

古都・金沢を舞台にした4編の短編集。なかでも表題作の「金沢あかり坂」は、恋模様だけでなく、金沢の伝統や芸能などについても丁寧に描写されている。尾張町にある金沢文芸館には「金沢五木寛之文庫」が常設され、五木寛之著作の全書籍や、「五木寛之と金沢」をテーマに、書籍および写真、解説パネルなどが展示されている。

・諸田玲子

『ちよぼ』（新潮社単行本）

3代藩主である前田利常の生母・ちよぼ（寿福院）を主人公にした小説。ちよぼは、織田信長と前田家に滅ぼされた朝倉に仕える家に生まれながら、利家に取り立てられ、その長男は3代藩主となる。時代の移り変わりの中で奔走する女性の生涯を描いた連作短編集。

加賀金沢を知るための ミュージアム案内

武家文化がわかる2つの公立資料館

文化都市を目指す金沢には、さまざまな文化を知るための資料館や博物館、美術館などが点在しています。そのなかでもとくに有名な金沢21世紀美術館や国立工芸館、石川県立歴史博物館、石川県立美術館などについては、74ページで紹介しました。ここでは、そのほかの個性的なミュージアムを紹介します。

金沢市足軽資料館

長町にある**金沢市足軽資料館**は、藩政期に建てられた足軽の住居2棟が、無料で公開されている資料館です。2棟はそれぞれ清水家と高西家から市に寄贈されており、1990年代まで実際に住居として使用されていました。

足軽というのは、武家においては最も低い階級ですが、加賀藩では一軒家が支給されていたことがわかります。室内には詳細な説明書きがあり、建物以外についての解説も豊富です。

黒漆塗黒糸威二枚胴具足　16世紀、安土桃山時代のものとされているが、保存状態は極めて良好。（前田土佐守家資料館蔵）

金沢市足軽資料館に対して、上級の武家について知りたいときは、**前田土佐守家《とさのかみけ》資料館**がおすすめです。前田土佐守家は、前田利家の次男である利政を家祖とする家柄で、同家が所蔵する資料約9000点を保管し、一部を展示しています。

所蔵品の1つである「黒《くろ》漆《うるし》塗《ぬり》黒《くろ》糸《いと》威《おどし》二《に》枚《まい》胴《どう》具《ぐ》足《そく》」は前田利政所用と伝わる具足で、ウサギの耳をかたどった変わり兜が特徴です。深みのある漆黒に金銀の色彩が胸元などに印象的に施されており、その意匠性の高さにも驚かされます。

前田土佐守家は藩政期から明治時代に至るまで、常に藩の中枢を担っていました。そのため幅広い分野の史料が保管されているのも、特筆すべき点です。

金沢市足軽資料館
・金沢市長町1－9－3
・北陸鉄道バス「香林坊」「長町」バス停より

前田土佐守家資料館
・金沢市片町2－10－17
・北陸鉄道バス「香林坊」「長町」バス停より

藩政期より続く商家の暮らしぶり

金沢市老舗《しにせ》記念館は、藩政期の薬種商「中屋薬舗」を復元し、開館しました。ここは藩政時代の町人の暮らしぶりを知ることができる施設です。

中屋薬舗を営んでいた中屋家が所蔵していた売薬製造・販売用具は、国登録有形民俗文化財になっています。みせの間、書院の間、茶室、庭園などがあり、さらに生活用具も展示されています。2階では、金沢老舗百年会の協力により、金沢の老舗が所蔵する史料などの企画展が年に3回ほど行われています。

金沢市老舗記念館 藩政時代の商家の面影を残す「みせ間」を復元した「みせの間」。(金沢市老舗記念館提供)

金沢市老舗記念館
・金沢市長町2－2－45
・北陸鉄道バス「香林坊」「長町」バス停より

世界的建築家父子の記念館

谷口吉郎・吉生記念金沢建築館（北嶋俊治撮影）

歴史的建造物と現代建築が織りなす街の風景も、金沢の魅力です。寺町に建つ**谷口吉郎・吉生記念金沢建築館**は、金沢育ちの建築家親子である谷口吉郎と吉生の活躍を伝えるとともに、建築と街のあり方を考える国内でも珍しい施設です。

建物のある場所は谷口吉郎の住まいのあった場所で、設計は吉生が担いました。吉郎の代表作の1つともいえる迎賓館赤坂離宮和風別館「游心亭」の広間と、茶室を原寸大で再現したものが常設展示室で見られるほか、期間を区切ってさまざまな企画展も行われています。また、玉川公園に建つ金沢市立玉川図書館は谷口父子の合作、金沢出身の仏教学者・鈴木大拙を紹介する「鈴木大拙館」（77ページ）は吉生の設計によるものです。

谷口吉郎・吉生記念金沢建築館
・金沢市寺町5−1−18
・北陸鉄道バス「広小路」バス停より

金箔職人の気概が込められた工芸館

金沢が世界に誇る伝統産業、金箔工芸の魅力を伝えるのが**金沢市立安江金箔工芸館**です。同館は、金箔職人・安江孝明が「金箔職人の誇りとその証し」を後世に残したいとの思いから、私財を投じて建設しました。館内では安江が収集した金屏風や蒔絵、金工、七宝《しっぽう》、彫刻など、さまざまな分野の作品が見られます。

金沢市立安江金箔工芸館
・金沢市東山1－3－10
・北陸鉄道バス「東山」「橋場町」バス停より

金沢市立安江金箔工芸館　厚さによる色の違いなども見学できる金箔の製法を展示するコーナーがある。（金沢市立安江金箔工芸館提供）

にし茶屋街で触れる日本が誇る人形文化

金沢には、加賀人形や八幡《はちまん》起上《おきあが》りなどの郷土人形が伝わっています。広く国内を見渡すと、じつに多様な人形があることがわかります。

犀川のほとり「にし茶屋街」にある**人形ミュージアム**は、伝統的な御所人形や、古くから広く親しまれている市松人形、子どもたちの成長を祝う雛人形や五月人形など、日本中から特徴ある人形を集め、展示している施設です。館内には、茶屋街らしい風情あるカフェスペースもあり、のんびりとした時間を過ごすこともできます。

人形ミュージアム　館内には金沢ゆかりの人形が並ぶ「KANAZAWA」のほか、こけしや古典人形の部屋もある。

人形ミュージアム
・金沢市野町2－24－1
・北陸鉄道バス「広小路」「白菊町」バス停より

加賀金沢の祭礼・行事

冬・新春の祭礼・行事と見どころ

毎年1月初めには、金沢城公園新丸広場で**金沢市消防出初式**《でぞめしき》が行われます。見どころは、勇壮な**加賀鳶**《かがとび》**はしご登り**演技です。加賀鳶とは、江戸で有名になった加賀前田家の江戸藩邸を守った大名火消しのことで、大名火消しといえば加賀鳶を指すようになりました。その後、明治期に江戸藩邸から38人が金沢に移り住み、江戸の技と金沢在来の技が融合し現在の形になったと考えられます。平成21年（２００９）に加賀鳶はしご登りは、石川県無形民俗文化財に指定されました。

『加賀藩儀式風俗図絵　乾：元日登城』　浮世絵師・巌如春《いわおじょしゅん》が、大名たちの新年の挨拶の様子が描いたもの。12月28日に橋爪一の門に掲げられる注連縄飾りは、浮世絵師・巌如春が描いたこの絵を参考に再現されたといわれる。（金沢大学付属図書館蔵）

そのほかの祭礼・行事

土塀こも掛け作業▼12月上旬（金沢市長町武家屋敷跡界隈）、橋爪一の門注連縄《しめなわ》飾り取りつけ▼12月28日（金沢城橋爪一の門）

春の祭礼・行事と見どころ

5月には、小松市で**お旅**《たび》**まつり**が行われます。お旅まつりは菟橋《うはし》神社と本折日吉《もとおりひよし》神社の春季祭礼で、寛永17年（１６４０）頃、加賀前田家3代利常が小松城に隠居した際、両神社の神輿《みこし》が城の門前で藩主の平穏を祈ったことに始まるといわれています。

現在は、5月中旬の3日間に行われます。豪華絢爛《けんらん》な曳山《ひきやま》も登場し、子ども歌舞伎も上演されます。また、毎年5月1〜5日に行われる七尾市の青柏祭《せいはく》も同様に、盛大な曳山行事が見られます。

大野湊神社神事能　藩政期から盛んになった宝生流の舞で、金沢市の無形民俗文化財に指定されている。（大野湊神社提供）

そのほかの祭礼・行事
九谷茶碗まつり▼5／3〜5（九谷陶芸村）、神事能▼5／15（大野湊神社）、美川おかえり祭り▼5月第3土・日曜（藤塚神社）

夏の祭礼・行事と見どころ

毎年6月には、金沢最大の祭りである**金沢百万石まつり**が行われます。さまざまな時代衣装を身にまとった人々が街を練り歩く「百万石行列」が見どころです。前田利家役やお松の方には有名俳優が起用されることから、県内外の注目を集めます。祭りのルーツは前田利家が金沢城主となり、能登から入城してきたことを記念して行われてきた尾山神社の封国祭に合わせて、大正から昭和にかけて行われていた金沢市祭《しさい》です。

そのほかの祭礼・行事
氷室《ひむろ》開き▼6／30（湯涌《ゆわく》温泉）、横江の虫送り▼7月第3日曜（宇佐八幡神社など）、山王祭（例大祭）▼7月第4土・日曜（大野日吉神社）

秋の祭礼・行事と見どころ

厳しい冬を目前にした晩秋、兼六園では**雪吊り作業**が始まります。北陸の重く湿った雪で枝が折れてしまわないように木々の枝が縄でつり上げられ、加賀ならではの景観を見せます。兼六園では11月1日の唐崎松から作業が始まり、12月中旬まで作業が続きます。

そのほかの祭礼・行事
御山《おやま》まつり▼9月中旬（金沢神社）、こいこい祭▼9月下旬（山中温泉）、近江町市場カニまつり▼11月上旬（近江町市場）

索引

浅野川大橋……103
粗加工石積み石垣……42
石川県立能楽堂……146
石川県立美術館……75
石川県立歴史博物館……76、84
石川門……40
石樋……60
石の文化……138
石引道……84
泉鏡花句碑……108
泉用水……129
市姫神社……96
一国一城令……19
戌亥櫓跡……66
いもり堀……70
丑寅櫓跡……72
宇多須神社……111
卯辰山……106
卯辰山山麓寺院群……110
雨宝院……128
馬坂……134
『延宝金沢図』……28
御居間廻り……58
近江町市場……142
大手町……97
大野庄用水……121
大野湊神社神事能……155
大樋焼……147
大屋家住宅……121
奥向……58
奥村伊予家上屋敷土塀……85
尾坂門（大手門）……34
尾崎神社……99
『御城分間御絵図』……73
お旅まつり……154
表向……57
尾山神社……94
尾張町……96
改作法……22
『加賀国図』……18、119
加賀象嵌……148
加賀騒動……23
加賀鳶はしご登り……154
『加賀藩儀式風俗図会』……154
加賀野菜……143
加賀友禅……148
隠し狭間……36
『加州金沢御城来因略記』……43
『加州金沢城図』……20
『加州小松城図』……136
主計町……100
霞ケ池……46
家中町……28
金沢三文豪……149
金沢市足軽資料館……123、150
金沢市老舗記念館……151
金沢市消防出初式……154
金沢漆器……148
『金沢城三階御櫓之図』……69
『金沢城中地割絵図』……67
金沢市立安江金箔工芸館……152
金沢21世紀美術館……74、89
金沢箔……147
金沢百万石まつり……155
金場取残し積み……39
かぶらずし……142
河北門……36
願念寺……127
観音院……110
亀甲石……39
旧第六旅団司令部……59
旧高峰邸……99
経王寺……131
玉泉院丸庭園……60
金花糖……145
金城霊沢……16
九谷焼……147
久保市乙剣宮……100
暗がり坂……102
鉄門……66
黒門前緑地……98
兼六園……44
香林坊……118
極楽橋……64
国立工芸館……84
五色生菓子……145
五十間長屋……52
『御城中壱分碁絵図』……51、57
小将町……86
徽軫灯籠……47
寿屋……97
小松……136
小松天満宮……139
ゴリ……143
犀川大橋……93
西養寺……112
里見町……91
三階櫓……68

三御門……51
三十間長屋……64
三の丸……38
慈雲寺……112
色紙短冊積み……60
時雨亭……48
治部煮……144
四方切合積み……51
志摩……104
鯱瓦……68
寿経寺……105
城南荘……91
松風閣庭園……29
蕉風俳諧……148
新丸……34
菅原神社……112
数寄屋敷石垣……59
数寄屋丸……59
鈴木大拙館……77
成巽閣……48
せせらぎ通り……120
大円寺……128
太鼓塀……41
大根ずし……143
高田家……123
辰巳櫓……70
辰巳用水……21
谷口吉郎・吉生記念金沢建築館……152
段落ちの滝……62
長生殿……145
続長屋……43
椿原天満宮……135
鶴来街道……125
鶴丸倉庫……72
寺島蔵人邸……98
寺町寺院群……124
寺町通り……127
天徳院……130
徳田秋声文学碑……108
土橋門……22、39
長町……121
七稲地蔵……105
西外惣構……88
西田家庭園玉泉園……87
にし茶屋街……129
西別院（本願寺金沢別院）……114
二の丸……56
二の丸御殿……25、56
二の丸北面石垣……38
如来寺……131
人形ミュージアム……153
鼠多聞……25、62
鼠多聞橋……63
能楽……146
野村家……122
橋爪橋……50
橋爪門……50
橋爪門続櫓……52
はす蒸し……144
八坂……86
花菖蒲園……107
蛤坂……125
版籍奉還……24
『東新地絵図』……104
ひがし茶屋街……104
東別院（真宗大谷派金沢別院）……116
瓢池……45
菱櫓……25、52
美術の小径……90
広坂遺跡……90
福梅……145
伏見寺……128
宝円寺……133
方丈菓子……145
『宝暦年中二之御丸御殿地指図』……57
本多家上屋敷跡……82
本多の森公園……82
本多町……90
本丸……66
本丸園地……67
本丸東面の高石垣……19
本丸南面の高石垣……71
前田土佐守家資料館……150
前田利家……17
水溜町……92
妙立寺……126
室生犀星文学碑……93
木造軸組工法……55
森八……145
雪吊り作業……155
横安江町商店街……116
落雁……144
落雁諸江屋……145
鯉喉櫓台……70
緑水苑内遺構……103
蓮池庭……45
蓮池門……45
六斗の広見……126

参考文献

『加越能寺社由来』金沢大学日本海文化研究室編、石川県図書館協会、１９７５年
『日本の古地図12　金沢・名古屋』講談社、１９７７年
『伝統都市の空間論・金沢』田中喜男ほか著、弘詢社、１９７７年
『わが町の歴史　金沢』田中喜男著、文一総合出版、１９７９年
『加能郷土辞彙　改訂増補　復刻版』日置謙編、北国新聞社、１９７９年
『加賀百万石』田中喜男著、教育社、１９８０年
『日本城郭大系　第7巻　新潟・富山・石川』児玉幸多・坪井清足監修、新人物往来社、１９８０年
『日本城郭史研究叢書5　金沢城と前田氏領内の諸城』喜内敏編、名著出版、１９８５年
『聞き書　石川の食事（日本の食生活全集17）』農山漁村文化協会、１９８８年
『江戸時代　人づくり風土記17　石川』加藤秀俊ほか編纂、農山漁村文化協会、１９９１年
『日本歴史地名大系17　石川県の地名』平凡社、１９９１年
『ふるさと文学館　第21巻　石川』新保千代子責任編集、ぎょうせい、１９９４年
『金沢・北陸の城下町（太陽コレクション　城下町古地図散歩1）』平凡社、１９９５年
『新修小松市史　資料編1　小松城』小松市、１９９９年
『金沢市史　資料編14　民俗』金沢市史編さん委員会編、金沢市、２００１年
『よみがえる日本の城8　金沢城・福井城（歴史群像シリーズ）』学習研究社、２００４年
『金沢城下町』藤島秀隆・根岸茂夫監修、北国新聞社、２００４年
『金沢市史　通史編2　近世』金沢市史編さん委員会編、金沢市、２００５年
『五木寛之の新金沢小景』五木寛之監修、テレビ金沢、２００５年
『城下町金沢論集　城下町金沢の文化遺産群と文化的景観』石川県・金沢市、２００５年
『兼六園を読み解く』長山直治著、桂書房、２００６年
『よみがえる金沢城1』石川県教育委員会事務局文化財課金沢城調査研究室編、石川県教育委員会／北国新聞社、２００６年
『新版　名城を歩く3　金沢城』西ケ谷恭弘監修、ＰＨＰ研究所、２００９年
『金沢、まちの記憶　五感の記憶』小林忠雄著、能登印刷出版部、２００９年
『よみがえる金沢城2』石川県金沢城調査研究所編、石川県教育委員会／北国新聞社、２０１０年
『石川県の歴史散歩』石川県の歴史散歩編集委員会編、山川出版社、２０１０年
「『寛文七年金沢図』の藩士配置と都市計画」木越隆三著（「金沢城研究」8号、２０１０年）
『石川県の歴史』高澤裕一ほか著、山川出版社、２０１３年
「金沢の惣構創建年次を再検証する」木越隆三著（「日本歴史」７８０号、２０１３年）
『加賀藩を考える』長山直治著、桂書房、２０１３年
『兼六園』石川県金沢城・兼六園管理事務所監修、北国新聞社、２０１３年
『図説　金沢の歴史』東四柳史明ほか編、金沢市／北国新聞社、２０１３年
『金沢・町物語　復刻新版』高室信一著、能登印刷出版部、２０１３年
『石碑でめぐる金沢歴史散歩』三田良信監修、北国新聞社、２０１３年
『隔週刊名城をゆく5　金沢城』小学館、２０１５年
『平成金沢城まるごとガイド』北国新聞社、２０１５年
『ブラタモリ1 長崎 金沢 鎌倉』ＮＨＫ「ブラタモリ」制作班監修、ＫＡＤＯＫＡＷＡ、２０１６年
『古地図で楽しむ金沢』本康宏史編著、風媒社、２０１７年
「金沢城と小立野寺院群」木越隆三著（「金沢城研究」16号、２０１８年）
『ニッポンを解剖する！　金沢能登図鑑』ＪＴＢパブリッシング、２０１８年
『これが加賀百万石回遊ルート』北国新聞社、２０２０年
『隠れた名君　前田利常』木越隆三著、吉川弘文館、２０２１年
「城下に移った近世金沢坊と大名前田家の公認」木越隆三著（「金沢城研究」19号、２０２１年）

〈監修協力〉

小林忠雄（こばやし・ただお）

１９４５年、石川県生まれ。早稲田大学大学院文学研究科修了。専門は、民俗芸術学・都市人類学。２００５年から北陸大学未来創造学部教授を務め、２０１６年に退職。

編集協力・図版作成・撮影　クリエイティブ・スイート

執筆協力　倉田 楽、清塚あきこ、菊池昌彦、
冨永恭章（クリエイティブ・スイート）

装丁　伊藤礼二（Ｔ-Ｂｏｒｎｅ）
小河原德（クリエイティブ・スイート）

図説《ずせつ》 日本《にほん》の城《しろ》と城下町《じょうかまち》⑤
金沢城《かなざわじょう》

二〇二三年一月二〇日　第一版第一刷発行

監修者　木越隆三
発行者　矢部敬一
発行所　株式会社　創元社
〈本　社〉〒五四一-〇〇四七　大阪市中央区淡路町四-三-六
電話（〇六）六二三一-九〇一〇㈹
〈東京支店〉〒一〇一-〇〇五一　東京都千代田区神田神保町一-二
田辺ビル
電話（〇三）六八一一-〇六六二㈹
〈ホームページ〉https://www.sogensha.co.jp/
印刷　図書印刷

ISBN978-4-422-20175-7 C0320